国际商务经典译丛

国际商务谈判

【瑞士】克劳德·塞利奇（Claude Cellich）
【美】苏比哈什·贾殷（Subhash C. Jain） 著

金 钰 武佳琳 王白翎 译

CREATIVE SOLUTIONS
TO GLOBAL BUSINESS
NEGOTIATIONS

第 2 版

SECOND EDITION

中国人民大学出版社
·北京·

随着经济全球化的深入发展，国际贸易、投资和商务活动日益频繁，企业不可避免地要应对来自全球范围的更加激烈的竞争。与许多跨国公司相比，我国企业在国际化环境下成功运作的经验不足，国际化经营水平还比较低。更重要的是，我国国际商务专门人才相对短缺。

适应经济发展的要求，加速国际商务专门人才的培养和培训已成为我国高等学校面临的紧迫任务。2010年，经国务院学位委员会批准，部分高校设立国际商务硕士专业学位；2012年，教育部颁布《普通高等学校本科专业目录（2012年）》，将国际商务专业从目录外专业调整为基本专业。

顺应这一教育发展趋势，中国人民大学出版社在成功出版"工商管理经典译丛"的基础上，精心策划并适时推出了"国际商务经典译丛"（翻译版）和"国际商务经典丛书"（英文版）。丛书所选书目，都是国际知名教授的经典著作，经过长期教学实践检验，多次再版且畅销不衰，在许多国家采用，包括查尔斯·希尔的《国际商务》、托马斯·普格尔的《国际贸易》和《国际金融》、沃伦·基根的《全球营销》等。在引进和出版这两套丛书的过程中，我们力求基于目前国际商务专业的核心课程，既帮助高校建立自己的课程体系，又兼顾企业国际化经营的实际需要。同时，我们在编辑出版的过程中，对引进版图书的内容严格把关，取其精华，对不严谨或不当之处进行删改，确保图书质量。

　　我们希望，这两套丛书的出版能对我国国际商务专门人才的培养及我国企业国际竞争力的提升有所帮助。真诚期待广大读者提出宝贵的意见和建议。

中国人民大学出版社

　　随着经济全球化的迅猛发展，越来越多的企业开始涉足国际市场，因此谈判人员需要经常前往异国与具有不同文化背景的商务伙伴打交道。本书旨在帮助谈判人员获取在当今全球商务环境中必不可少的谈判知识与技能。针对国际商务谈判的基本概念、战略战术和实用技巧，本书提供了富有洞察力、可读性强、结构清晰的精心阐释。

　　我们非常高兴能够承担《国际商务谈判》（第2版）的翻译工作，向国际商务领域的学生和学者以及从事商务谈判的专业人员介绍国际商务谈判的战略战术与技巧，希望能对中国企业的谈判实践提供帮助并做出贡献。本书的翻译以准确为原则，同时在忠实原文的基础上，力图以流畅易懂的语言呈现内容。在翻译本书的过程中，我们得到了中国人民大学出版社谷广阔编辑的大力支持、帮助和鼓励，在此表示衷心的感谢！

　　本书的内容非常丰富，尽管我们为本书的翻译付出了巨大努力，对译稿进行了多次校对与修改，但由于译者的能力有限，书中难免存在不当或疏漏之处，恳请读者批评指正。

金　钰　武佳琳　王白翎

在今天的全球化趋势下，商务专业人员需要在具有不同经济、文化、法律和政治背景的国家与其商务伙伴开展交易。他们可能需要解决与供应商的争议，为一家国有企业敲定还盘，或者领导一支跨文化的团队。因此，在全球化的市场中，很少有学科具有与跨文化谈判一样重要的意义。当谈判人员具有迥异的文化背景时，他们对社交互动、经济利益和政治现实的臆断往往大相径庭。因此，国际商务谈判人员必须掌握具有文化敏感性的谈判技巧。

《国际商务谈判》正是为那些需要进行国际谈判的人士准备的，如商务谈判人员、律师、政府官员和外交官等。针对国际商务谈判的基本概念和实践应用，本书提供了富有洞察力、可读性强、结构清晰的精心阐释。

谈判是一项长期活动。在商务活动中，成功的谈判可以事半功倍。但是，缺乏技巧的谈判往往会事与愿违。值得庆幸的是，只需通过简单的努力，你就可以轻松地提高谈判技巧。为了达到这一目的，你必须掌握实用的谈判策略和最新技术，以应对当今复杂的全球形势下的挑战和机遇，并迅速建立合作关系。同时，在谈判桌上，你还必须懂得如何驾驭跨国家、跨组织和跨专业文化背景的谈判行为。

本书提供了一个清晰的框架，以指导文化背景各异的全球谈判人员如何在不断变化的竞争环境中达成交易、创造价值、解决争议，并实现持久合作。换句话说，本书将帮助谈判人员及商务专业人员获取当今全球商务环境中必不可少的知识和技能。

本书的主旨在于强调现实感。它可以使谈判人员感受到在国际谈判桌上可能出现的情况，告诉谈判人员如何避免犯错，以及如何优化目标。

本书可以帮助你增强在多元文化环境中成功开展业务的关键技能。协议的效力和持久关系的确立将决定成败。与外国公司达成于己不利的协议，会导致无休止的纠纷，进而影响谈判结果的盈利能力。相反，互惠互利的协议则有助于你达到甚至超越预期目标，同时还能提高对方的满意程度。这在任何情况下都毋庸置疑，无论你是要确定价格及其他交易条件，与关键客户达成交易，说服他人与你合作而不是作对，制定或管理预算，敲定并管理复杂的合约，与对你来说很重要的人物一起合作项目，还是要打破或避免谈判僵局。

对在过去几年里有助于设计和构思本书的所有人，我们在此致以简短而由衷的感谢。本书中的许多概念都基于前人的研究成果，为了向其致敬，我们将其成果列在参考文献中。这些富有奉献精神的作者，皆因其对跨文化谈判的研究而闻名。他们中的一些人可能会赞同本书的观点，另一些人则会持不同意见，但无论何种反馈都是我们所期待的。

我们还要感谢同行的大力支持，他们是日内瓦国际大学的埃里克·威勒姆森（Eric Willumsen）和康涅狄格大学的约翰·埃利奥特（John Elliott）。此外，我们也非常感谢我们那些日内瓦国际大学和康涅狄格大学的学生，他们帮助我们审阅了初稿并提供了优质的反馈。同时，日内瓦国际大学和康涅狄格大学的工作人员也以多种方式为我们提供了慷慨的支持和帮助。我们还要特别感谢商务专家出版社（Business Expert Press）那些才华横溢的员工，他们在本书的出版过程中发挥了不可或缺的作用。

最后，感谢我们的家人，他们以各种方式给予我们亲切的支持和鼓励。

克劳德·塞利奇　瑞士日内瓦

苏比哈什·贾殷　美国康涅狄格州斯托斯

目 录
CONTENTS

CONTENTS

CONTENTS

第 5 篇　其他谈判主题

CONTENTS

CONTENTS

第 1 篇

导 言

第1章

国际商务谈判概览

商务如生活，所得非应得，谈判定结果。

——切斯特·卡拉斯（Chester L. Karras）

做生意需要进行各种各样的交易活动。这些交易活动都涉及与一方或多方就其各自的角色和义务进行谈判。因此，谈判可以定义为两个或多个谈判方就涉及共同利益的事项达成协议的过程。谈判的要素包括：**谈判方**（parties，具有共同利益，需要相互磋商的人）；**议题**（issues，一个或多个需要解决的事项）；**备选方案**（alternatives，谈判人员针对各个待解决议题可以选择的可行方案）；**立场**（positions，谈判人员针对特定议题的明确回复：你想要什么以及为什么想要）；**利益**（interest，谈判人员的潜在需求）。以上事项必须在谈判一开始就明确说明。

在第二次世界大战后，最重要的世界发展趋势之一就是商务的国际化。今天，各种规模的公司纷纷在全球市场上展开竞争，以寻求增长并保持其竞争优势。这迫使谈判人员不得不在多元文化环境中进行商务谈判。

在任何商务环境中，谈判都是困难的。在全球商务中尤其如此，因为：（1）各方的文化背景不同；（2）各方所处的商务环境不同；（3）国际商务谈判涉及性别差异问题。由于这些原因，国际商务谈判可能会出问题，有时需要谈判人员付出巨大的努力。[1]因此，在甄选国际谈判人员时，适当进行培训会大有帮助。本书提供了在多元文化环境中开展交易所需的专门知识和技术。

本书是为那些必须在海外市场进行交易谈判、解决争议或制定决策的人准备的。经常会有谈判人员对国际谈判持理所当然的态度，而不予充分重视。他们认为，只要遵循正确的政策，就可以圆满完成谈判。但经验显示，国际谈判非常艰难，往往需要经历千辛万苦的过程。即使可以依赖有利的政策和制度，在涉外环境中进行的谈判也可能失败，因为谈判人员需要与来自不同文化背景的人打交道，其法律体系和商业习惯各不相同。如果各方谈判人员同属一国，他们就会在相同的文化和制度背景下进行交易。但是，如果谈判人员的文化背景不同，他们对社交互动、经济利益、法律要求和政治现实的处理方法和臆断往往就会大相径庭。

本书将为商务谈判人员、律师、政府官员以及国际商务专业的学生，提供国际商务谈判方面的实用洞见。对于那些没有接受过谈判培训的人来说，本书介绍了进行国际交易所需的一些基本概念。对于那些接受过正规谈判培训的人来说，本书则以他们对国际谈判的了解为基础，展开深入介绍。

谈判是一种互动过程，因为其中一方的行为会影响另一方。因此，对于谈判人员来说，除了需要完善自身的谈判技能，还有必要研究如何与对方互动，如何说服对方，以及如何与对方进行沟通。成功的谈判人员会通过与对方合作的方式实现其目标。有些人善于谈判，而另一些人则不然。成功的谈判人员不是天生的，他们都接受过培训，积累了经验，经历了艰辛，从而提高了自身的谈判技能。

1.1　谈判架构

国际谈判的架构包括三个方面：谈判的宏观环境、谈判的微观环境和谈判过程。谈判的宏观环境是指谈判所处的商业大气候，它是谈判人员无法控制的。谈判的微观环境是指围绕着谈判过程的各种要素。通常，谈判人员能够对谈判的微观环境产生影响，并在一定程度上对其进行控制。谈判过程是指谈判各方为达成协议而发生在相互之间的一系列事件和互动。在这个过程中，各方会进行语言和非语言沟通，展示谈判策略，并努力达成交易。图表

1-1描述了谈判架构的三方面内容。

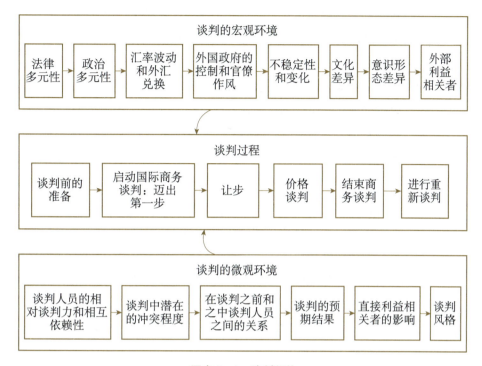

图表 1-1　谈判架构

1.1.1　谈判的宏观环境

谈判的宏观环境由以下要素构成：法律多元性，政治多元性，汇率波动和外汇兑换，外国政府的控制和官僚作风，不稳定性和变化，文化差异，意识形态差异，以及外部利益相关者。[2]

法律多元性

跨国企业在国际谈判中必须应对各种不同的法律。一家美国公司与其他国家的公司谈判，无论在哪里进行谈判，除了要考虑美国法律，还必须要考虑谈判对方国家的法律。例如，如果某些市场行为对竞争产生了不利影响，美国法律就会将其视为违法行为。这些市场行为包括竞争对手之间的横向价格固定，竞争对手通过协议进行的市场划分，以及价格歧视等。即使这些行为在谈判对方国家很常见，美国公司也不能这样做。同时，如果其他国家的法律禁止某些行为，即使美国法律允许，公司也必须遵守当地法律。例如，在欧洲，代理商与经销商之间有明确的区分。代理商被视为其委托方的附属机构，但经销商是独立的企业。独家经销商在欧盟各国都是受到限制的。因此，外国商人在法国等地进行经销谈判时必须谨慎，以免违反有关经销合同的规定。

在达成协议之前，谈判人员应充分了解谈判所在国家的相关法律问题。这将确保最终协议不会包含任何因法律禁止而无法执行的条款。这类信息的最佳来源是在谈判对方国家的法律事务方面具有内部专业知识的律师事务所。

政治多元性

在进行谈判之前，谈判人员必须彻底了解谈判对方所在国家的政治环境。通过谈判达成的协议也许在相关国家是合法的，但从政治角度看，执行该协议可能并不明智。因此，没有必要花费精力为这样的协议进行谈判。考虑一下下面这个例子。

美国联邦政府不鼓励吸烟。但是，如果其他国家的人要吸烟，为什么不让他们吸美国烟呢？

实行烟草政府垄断制度的泰国，一直在抵抗美国要求其开放烟草市场的压力。因此，美国的烟草企业向政府提议对泰国当局采取贸易制裁措施。这引发了一些关于美国贸易政策的问题，比如：美国政府是否应该向海外大力推广一种有害健康的产品？在决定是否与泰国当局就开放其烟草市场问题进行谈判之前，美国应该首先审视这个问题。[3]

在进行谈判之前，谈判人员必须全面考察相关国家的政治环境。如果一国的政治环境充满不稳定性和不确定性，这个市场再大也可能不具备进入条件。

对一个国家政治环境的分析可以采取三种方式：（1）前往该国实地考察，并咨询一些可信的人；（2）聘请顾问撰写关于该国的报告；（3）研究一些专门机构发布的政治风险分析报告，如经济学人智库（Economist Intelligence Unit，EIU）（伦敦经济学人集团（Economist Group，London）设在纽约的分支机构），美国银行（Bank of America）的国家风险监测机构，或者美国商业环境风险评估公司（BERI S. A.）的商业风险服务部。

汇率波动和外汇兑换

为了达成交易，国际谈判可能会涉及跨越国界的资金转移。从一国到另一国的资金转移是以外汇为媒介进行的。外汇兑换是一种货币机制,通过这一机制可以开展涉及两种或多种货币的交易活动。外汇兑换也就是将一国的货币兑换成另一国的货币。

办理外汇兑换业务存在两个问题。第一,每个国家都有自己的实施外汇兑换的方法和程序——通常由其中央银行制定。但是,这种业务本身是通过银行系统办理的。因此,为了顺利完成外汇兑换业务,必须充分了解并遵循中央银行的外汇兑换方法和程序以及商业银行的各种限制性规定。

第二个问题涉及因不同货币的供求变化而引起的汇率波动。例如,1992年,1美元可兑换约 3 瑞士法郎。2001 年年初,这一汇率跌至 1 美元兑换 1.3 瑞士法郎。2016 年年初,美元进一步贬值,1 美元只能兑换不到 1 瑞士法郎。因此,今天想要兑换瑞士法郎的美国商人必须比 20 世纪 90 年代时支付更多的美元。事实上,两国货币之间的汇率每天都在波动。这就产生了很大的不确定性,因为商人无法掌握涉外债务和债权的确切价值。

外国政府的控制和官僚作风

在第二次世界大战后,一个耐人寻味的世界发展趋势是,各国政府开始越来越多地参与其曾经忽视的各种社会经济事务。在美国,对穷人、老年人、少数族裔、消费者权益以及环境问题的关注,促使政府作出响应并采取了一系列立法措施。在许多其他国家,政府出于这方面的考虑接管了一些企业,将其作为公共部门来经营。无论其运营成功与否,由于这些公共部门企业得到了政府的更多支持,因此私营企业越来越受到怀疑,也越来越不受欢迎。此外,这种公共部门企业不仅仅局限于发展中国家。英国和法国也有很多政府企业,从航空公司、电视广播公司、银行到钢铁企业。因此,在许多国家,谈判对方很可能是政府所有的公司,利润动机对它们来说可能不像对私营企业那样重要。

一些国家对外国投资往往持怀疑态度。发达国家和发展中国家都是如此。以日本为例,外国企业如果没有首先建立信任关系,以使其能够通过合资企业的形式获得准入,将很难在日本市场上占据一席之地。发展中国家通常都很担心被外国企业支配和利用。鉴于这种意识,这些国家制定了各种管制措施,以限制外国投资在其经济中的作用。因此,公司在决定前往东道国谈判之前,必须充分了解其规章制度,并确定其潜在的态度和动机。如果需要咨询法律事务,公司应联系律师事务所,因为它们很可能熟识东道国的法律专家。此外，公司还应该仔细研究一些专门机构发布的政治风险分析报告，如前文提及的经济学人智库。

一国政府有时会实施市场管制措施，以阻止外国公司在某些市场上的竞争。例如，直到最近，日本仍禁止外国公司向日本政府机构销售精密通信设备。因此，美国电话电报公司（AT&T）、惠普公司（Hewlett Packard）和思科公司（Cisco）与日本几乎没有生意往来。

显然，在那些更重视本土私营企业的国家，外国公司不可能受到热烈欢迎。在这种情况下，外国公司必须努力应对此类问题，因为它既是私营企业，又是外国企业。在任何特定的经济体中，可靠的商业情报以及对政府产业政策和相关法律法规的熟悉，都有助于明确私营部门所发挥的作用。在进行谈判之前，谈判人员应充分收集此类信息。

不稳定性和变化

许多国家的政府会频繁更迭。在这样的大气候下，外国企业可能会发现，在准备履行一项协议时，与其谈判并订立了初始协议的政府已经被新政府取代，而这个新政府不同意履行前任政府所承诺的义务。因此，国际谈判人员在达成协议之前，必须调查清楚现政府是否有可能继续执政一段时间。比如，谈判人员可以根据东道国执政党的实力或者下届选举的各种可能结果来评估政府更迭的可能性。为了了解一个国家的政治稳定性，公司应该咨询那些在东道国做过一段时间生意的人。公司还可以从本国政府机构获取有用的相关信息。例如，美国的公司就可以从美国商务部（U. S. Department of Commerce）获得这方面的建议，该机构甚至会让公司与其派驻至该东道国的代表直接联系。

外国公司最不希望看到的就是东道国频繁的政策变化。即使政府没有更迭，政策也可能发生变化。因此，对于外国企业来说，分析政府政策的变化机制非常重要。关于立法自治权的信息以及对宪法修改程序的研究，对国际谈判人员来说至关重要。

主权国家往往喜欢对外国企业实施各种制裁以维护自身的权威。这些制裁具有规律性和渐进性，因此是可预测的。提高对外国企业的税收就是一个典型的例子。许多国家会对外国企业施加限制以保护自身的独立性。（经济控制经常被认为会带来政治利益。）

长期以来掌握政治主权的工业化国家需要采取更加开放的政策，以适应当今世界的经济环境。今天，人们期望政府能够同时治理失业，抑制通货膨胀，进行收入再分配，加强落后地区的建设，完善医疗服务，以及避免环境破坏问题。这一系列目标促使发达国家不断寻求国外技术，使用国外资金和国外原料，并将其土特产品销往国外市场。其最终结果是，这些国家相互提供了进入彼此经济体的保障。简而言之，在发达国家中，商业的跨国运作既是一种政治手段，也是一种经济需求。

当今经济世界中的一个基本管理现实是，企业运营是在高度相互依存的全球经济中进行的，并且发展中国家在国际商业领域占据了非常重要的地位。它们是购买者，是供应商，是竞争对手，也是资本的使用者。为了在发展中国家成功地进行谈判，公司必须认识到这些角色的影响力和重要性。

文化差异

开展国际商务活动需要与成长于不同文化环境的人进行互动。对某一群体的人来说非常重要的价值观可能对另一群体的人来说意义不大。某一国家的一些典型态度和观念可能与其他国家截然不同。这些文化差异深深影响着谈判行为。因此，国际谈判人员必须熟悉他们想要与之谈判的国家的文化特征。对异国文化的刻板观念会导致不可克服的问题，这类实例在有关国际商务的文献资料中屡见不鲜。

文化对国际商务活动的影响是多方面的。[4]在海外开展业务时，在谈判过程中考虑文化差异以提高成功的可能性一直是一个关键问题。随着商业的全球化，文化力量变得更加重要。在文化方面的浅薄无知会导致代价高昂的错误。此外，虽然一些文化差异是显而易见的，但另一些很细微，并且会以出人意料的方式表现出来。[5]

成功的谈判人员认为，在亚洲文化中，低调的、非对抗式的、双赢的谈判风格比一成不变的公事公办的态度更有效。谈判人员应该认真倾听，关注共同利益而不是微小的分歧，并着眼于培养长期关系。

文化的四个方面对于顺利完成谈判尤为重要。它们是口头语言、肢体语言、对时间的态度以及对合约的态度。[6]

意识形态差异

不同的国家之间往往存在意识形态差异，这会影响其国民的行为。传统社会的意识形态具有强制性、庄严性和持久性。在这种意识形态下，人们对现实世界听天由命，尊重权威，并倾向于在集体中收敛个性。与之形成鲜明对比的是，一些社会的意识形态强调各种获取性活动，这被认为是一种对经济和社会变革的积极态度，也是向更高程度的工业化发展的明显趋势。

谈判人员应该熟悉并尊重彼此的价值观和意识形态。例如，宿命论的观念可能会导致一名谈判人员选择一个吉利的时间与对方会面，另一方则应适当地理解对方的这种意识形态诉求。

外部利益相关者

外部利益相关者（external stakeholders）这一术语是指与谈判结果有利害关系的不同个人和组织。他们可以是股东、员工、客户、工会、商业团体（如商会）、行业协会、竞争对手等。如果谈判达成的协议可以提高公司的财务绩效，那么它会非常受股东的欢迎。员工会支持那些可以增加其收益（包括财务和实物所得）的谈判。客户则青睐能够使他们以较低价格获得优质产品的谈判。因此，如果一家外国公司有可能为一国消费者提供物有所值的产品，当其想通过谈判进入这个国家时，它将受到该国消费者的热烈欢迎。但是，该国的行业团体可能会反对这种谈判，以阻止来自外国公司的竞争。

不同的利益相关者有不同的动机。他们是支持还是反对与国外企业进行谈判取决于该谈判将对他们产生的影响。因此，在进行谈判时，公司必须仔细分析不同利益相关者可能作出的反应。

1.1.2 谈判的微观环境

谈判的微观环境是指围绕着谈判过程的各种要素，谈判人员通常可以在一定程度上对其进行控制。谈判的微观环境包括以下要素：谈判人员的相对谈判力和相互依赖性，谈判中潜在的冲突程度，在谈判之前和之中谈判人员之间的关系，谈判的预期结果，直接利益相关者的影响，以及谈判风格。

谈判人员的相对谈判力和相互依赖性

谈判成功的一个重要条件是各方之间的相互依赖。如果没有这种相互依赖关系，谈判就不会发生。依赖程度决定了各方的相对谈判力。谈判人员采取的谈判风格和策略取决于其谈判力。谈判力较强的公司可能要比谈判力较弱的公司更具进攻性。如果一家公司备有其他具有同等吸引力的替代方案，就会采取一种"接受或放弃"的态度，而别无选择的公司可能会采取一种更为屈从的立场。

谈判中潜在的冲突程度

任何谈判都有一些关键议题。当谈判双方就关键议题达成共识时，谈判会在双方的共同支持下完成。但是，在关键议题上的分歧可能会导致谈判在敌对的氛围中结束。

如果谈判双方的目标相互依赖，并且一方的所得会对另一方的所得产生积极影响，那么谈判就可以实现双赢的结果（也称为"非零和博弈"或"整合性谈判"）。但是，如果谈判会造成一赢一输的局面，则谈判就会在一种敌对的氛围中进行。

假设一家美国女装公司有意在某个国家生产其部分产品，以利用该国低工资的优势。同时，这个国家也很想增加就业机会。这就属于一种双赢的情况，因此谈判会在一种友好的氛围中展开。再假设一家欧洲公司想与某国洽谈合资企业事宜。该公司希望在合资企业中占有多数股权，但该国政府持反对意见（也就是说，该国政府只想让该外国公司在合资企业中占有少数股权）。这就会造成一赢一输的局面（也称为"零和博弈"或"分配性谈判"），因为一方的所得将以另一方的损失为代价。

在谈判之前和之中谈判人员之间的关系

谈判双方之间曾经建立的积极合作关系会影响未来的谈判。如果之前的谈判实现了双赢结果，那么双方就会以积极的态度进行当前的谈判，以期再次达成一项双赢协议。但是，如果之前的经历令人失望，那么当前的谈判氛围可能从一开始就充斥着消极的态度。

即使是在同一次谈判过程中，第一阶段的谈判情况也会为下一阶段谈判奠定基础，依此类推。通常，整个谈判过程是在一段时间内分几个阶段进行的。如果双方的关系在第一阶段不够融洽，那么后续各阶段谈判就会在消极的氛围中展开。因此，公司在谈判的初始阶段就应该采取积极、友好和支持的态度，并竭尽全力避免冲突。

谈判的预期结果

国际商务谈判的结果可以是有形的，也可以是无形的。有形结果包括利润分享、技术转移、特许权交易、知识产权保护、股权以及其他可以具体衡量其价值的结果。无形结果包括双方在谈判中建立的友好关系，为了增进关系而作出让步的意愿（或通过相互理解取得的结果），以及互惠互让的态度。无论是有形还是无形的结果，都可能在短期或长期内实现。

国际商务谈判的一个基本理念是，为了在长期内实现有形结果而作出妥协。商业交易是一种长期现象。即使一家公司仅仅想与外国公司洽谈一笔临时交易，也应牢记长期关系的重要性及其积极影响。未来的情况可能会发生变化。例如，曾经就一个小型项目与你谈判的公司，可能会成为当前谈判中的一个重要角色。关系是成功谈判的重要标准，但建立关系需要花费时间。

通常，东道国希望跨国公司将技术转移到自己国家。但技术是跨国公司非常重要且独一无二的资产，因此公司不希望它落入他人之手。东道国的谈判人员在短期内应满足于从当前谈判中获得的无形利益，以期在长期内实现由技术转移带来的有形利益。同样，如果东道国愿意在几年后重新考虑合资企业的股权问题，那么跨国公司最初可能会接受先占少数股权的要求。在双方建立了友好关系后，东道国的政府可能会对跨国公司的控股愿望采取更加开放的态度。

直接利益相关者的影响

在国际商务谈判中，直接利益相关者是指员工、谈判人员和董事会成员。他们的国际谈判经验、文化视角及其各自与谈判结果的利害关系都会影响谈判过程。

例如，基于与日本人谈判的长期经验，美国谈判人员意识到，有时日本人说"好"并不意味着赞同。经验还可以让我们了解文化习俗，以及一些手势、笑话、礼物等的含义。在制定谈判的战略战术时，此类经验非常有用。同样，谈判人员的文化背景也会影响谈判结果。在俄罗斯及东欧国家，人们往往很难理解西方谈判人员对利润的重视。在许多文化中，人们更愿意与身份相当的人做生意。因此，在与印度公司的首席执行官谈判时，级别较低的西方谈判人员可能会遇到问题。谈判人员的级别是影响谈判结果成功与否的一个因素。此外，外部利益、时间观念等其他文化特征也会对谈判产生影响。

不同的利益相关者与谈判结果有不同的利害关系。发达国家的劳工不愿看到的国际谈判结果是，工作机会流失到海外，或者通过施压来降低工资。

谈判人员不希望谈判协议损害其个人利益，如经济利益、职位晋升机会、自信心、威望、个人权力以及经济安全等。董事会成员之所以对一项协议感兴趣，可能出于威望考虑，而不是以任何经济利益为目的。这意味着，只要协议能确保他们获得威望，他们可能就会在利润方面作出妥协。

谈判风格

谈判人员的个性特征会影响其谈判方式。有些人会采取进攻性的方式，希望通过威慑他人来达到目的。有些人则行事低调，并且会尽量避免冲突，因此他们希望谈判对方也是理性和友好的。可见，不同的谈判风格各有利弊。

最好的谈判风格是能够满足双方需要的风格。换句话说，谈判人员应采用一种有助于实现双赢结果的风格，也就是一种能使对方感到轻松并有助于减少冲突的风格。

1.1.3　谈判过程

虽然任何规模的企业都会遇到谈判问题，但中小型企业的谈判人员往往缺乏在国际市场上做生意所需的商务谈判技能。当这些企业想出口产品时，它们需要具备与进口商或代理商进行谈判的技术。当企业试图在海外成立合资企业或从国外供应商处采购原材料时，此类技能也是必要的。正如前文所述，与其他国家的商业伙伴进行谈判比与本国公司打交道更困难，因为对方的习俗和语言与本国不同。这些文化因素会增加交易的复杂性。

假设一家专营木质厨柜的小型制造企业的出口业务经理想在特定的目标市场为本公司的产品寻找一家代理商，并为此计划了一次前往目标市场的访问。但这位经理从未去过该国家，也不熟悉那里的商务习惯和文化。因此，这位经理意识到，在与几家潜在代理商会面之前，有必要深入了解如何在该市场进行商务谈判。

本书介绍的谈判过程（见图表 1-1）可以为那些没有接受过这方面正式培训的谈判人员提供真正的帮助。谈判过程从"谈判前的准备"开始，必要时以"重新谈判"结束。在二者之间是"启动谈判""让步""价格谈判""结束谈判"这几个阶段。

在完成谈判前的准备工作后，谈判就进入了争辩阶段；也就是说，各方均从不同的出发点开始谈判，争取实现各自的预期目标。在上述例子中，在会见目标市场的潜在代理商时，这位出口业务经理希望从这项交易中获得特定的利益，而这些利益不一定与对方的利益相一致。该经理可能希望代理商只收取最低佣金，这样额外的利润就可以再投资于公司，以扩大和改进生产。此外，这位经理可能希望同时与该国的其他几家代理商签约，以增加出口销售的可能性；他也可能想将代理协议限制在短期内，以测试市场。但是，潜在代理商可能会要求更高比例的销售佣金，可能会坚持索要在该国的独家经营权，也可能要求签订为期数年的合约，而不是短期的试验性合约。在这种情况下，该出口业务经理需要懂得如何使谈判进行下去，以确保最终协议能使公司的利益最大化。

澄清（clarification）、**理解**（comprehension）、**信任**（credibility）和**创造价值**（creating value）构成了谈判过程（也就是从谈判双方最初表明各自的立场到最终达成共识的过程）的基础阶段。通过依次应用每个概念，谈判双方可以遵循一种逻辑进程展开谈判。

澄清和理解是避免对峙局面的第一步。在上述例子中，出口商和潜在代理商应澄清各自的观点，并就特别关注的事项寻求对方的理解。例如，谈判双方可能会了解到，出口商谈妥较低的佣金率以及代理商获得在相关区域的独家经营权都是至关重要的。

商务谈判的下一阶段涉及信任和创造价值，即双方在讨论各自的要求及其背后的原因时所形成的态度。在上述例子中，这可能意味着，代理商相信出口商需要将很大一部分利润进行再投资，以保持公司的竞争力。出口商则相信代理商会尽最大努力推销产品，进而确信长期合约将会是有利的。随着谈判的进行，双方会在一系列议题上逐渐达成共识。

接下来是让步、重新发盘和承诺的阶段。在这一阶段，双方尚未达成共识的最后事项将通过双方的妥协来解决。

最后一个阶段是缔约阶段，也就是双方达成协议的阶段。就出口商而言，这意味着与一家新代理商签订合约，其中至少要包含出口商的一些主要关注事项（如较低的销售佣金），以及代理商的一些主要考虑因素（如为期两年的合约）。但是，谈判过程尚未完成，因为一旦情况发生变化（尤其是在履行协议的阶段），就需要进行重新谈判，这是谈判双方都应谨记的一种可能性。

1.2　谈判的基础工作

在进行谈判之前，必须做好谈判的基础工作。这会使谈判人员的工作更加轻松，也更有价值。这种基础工作包括评估公司的现状以及制订**谈判协议的最佳替代方案**（best alternative to a negotiated agreement，BATNA）。

1.2.1　评估公司的现状

优势、劣势、机会和威胁（SWOT）分析可以用来评估公司的现状，这是一种常用于评估企业管理状况的技术。虽然这是一种众所周知的企业管理工具，但对于如何将 SWOT 分析结果与商务谈判策略的开发联系起来，人们并没有给予足够的重视。

简单地说，用于企业管理目的的 SWOT 方法可以用来考察企业的生产和营销目标，以及根据这些目标对企业的经营管理政策和实践进行评估。这种分析方法的框架包括四个关键词：优势、劣势、机会和威胁。企业的各种活动都可以从这四个方面来考察和分析。

将 SWOT 分析结果应用于谈判计划是这种分析技术的进一步运用。分析出的优势、劣势、机会和威胁可以用来制定谈判战略和战术。将 SWOT 技术应用于国际谈判可以帮助谈判人员最大化公司的优势，最小化公司的劣势，充分利用机会，并做好准备消除威胁。基于公司优势，谈判人员在谈判过程中作出的发盘更容易被对方接受。同样，为了弥补劣势，谈判人员可以专注于其他谈判议题或扩大议题范围，以将这些劣势的影响最小化。为了充分利用机会，可以将具体计划纳入谈判战略。最后，通过 SWOT 分析识别出的对公司运营的威胁，可以在谈判中通过特定的措施或发盘来消除。

例如，如果一家公司通过 SWOT 分析发现，其劣势之一是消费者对其产品缺乏了解，那么谈判人员在与目标市场的潜在代理商进行谈判时，就可以通过提供促销补贴来克服这一劣势。同时，谈判人员可以利用通过 SWOT 分析确定的公司优势（比如公司木质厨柜的高质量），来说服潜在代理商以有利的条件与己方合作。

1.2.2　评估 BATNA

通过评估谈判协议的最佳替代方案（BATNA），公司可以将谈判协议与替代方案进行对比，以改进谈判结果。[7] 如果谈判协议更有利，就达成交易。如果替代方案更有利，则应放弃谈判。

BATNA 方法改变了游戏规则。谈判人员的作用不再仅仅是达成协议，而是作出明智的选择。即使无法达成协议，谈判人员也不会将其视为一次失败。如果一笔交易因劣于公司的 BATNA 而被拒绝，则最终结果也是成功，而不是失败。

BATNA 受以下几个因素的影响：备选方案、截止期限、利益、知识、经验、己方的资源以及对方的资源。这些因素的任何变化都可能改变BATNA。如果谈判人员在谈判过程中获得了可以影响 BATNA 的新信息，就应该花些时间重新审度 BATNA。在谈判中，BATNA 不是静态的，而是动态的。

谈判人员在谈判一开始就应该确定 BATNA。这样，就可以确定谈判协议必须达成的客观目标，而且谈判人员也不必依靠主观判断来评估结果。随着谈判的进行，谈判人员应采取一些方法来改进 BATNA，如展开更深入的研究，考虑替代投资方案，或者寻找其他的潜在合作伙伴。此外，谈判人员还应该评估谈判对方的 BATNA。BATNA 的基本原则是：永远不要接受劣于 BATNA 的谈判协议。

1.3　进入谈判

在进行商务谈判时，谈判人员应时刻考虑谈判过程中可能出现的某些问题。

- 谈判中应避免的情况：冲突、争议以及对谈判对方的指责。
- 谈判中应持有的态度：沟通、协作和合作。
- 谈判中应寻求的目标：变化（或连续性）、一致性、创造性、共识、承诺和补偿。

在商务谈判中，尤其是在来自不同经济社会环境的谈判人员之间的谈判中，提供选择并持有开放的态度是建立富有成效的合作关系的必要条件。经验丰富的谈判人员认为，提供选择的技巧是谈判成功的关键。使对方感觉到新的想法是双方共同提出的，这也大大有助于谈判的顺利进行。

这种谈判的目标是达成互惠互利的协议，以取得长期的实质性结果，如再次交易。为了达成互惠互利的协议，双方都需要有合作意愿。因此，谈判应该聚焦于双方的共同利益。如果谈判因某种原因而陷入僵局，则有必要通过分析和理解各方的需求和问题来重新确定谈判的重点。

商务谈判需要双方共同努力。国际商务协议（无论是涉及获得订单、任命新代理商，还是建立合资企业）的目标是在共同的未来合作关系中创建共同投资。换句话说，谈判协议应该是可行的、有利可图的、可持续的。

➡ 1.4 本书架构

在今天的商务全球化环境下，你需要与成长于不同文化背景的人进行谈判。跨国交易已成为现代商务活动的关键要素。为了在海外展开竞争，你需要具备与其他国家的合作方进行有效谈判的技能。针对国际商务谈判的基本概念和实践应用，本书提供了富有洞察力、可读性强、结构清晰的精心阐释。

本书分为 5 篇。第 1 篇是对国际商务谈判的概览，即第 1 章。第 1 章讨论有关谈判的宏观环境和微观环境的一些变量。其中，有一种宏观环境因素和一种微观环境因素对国际谈判的影响最大，它们分别是文化差异和谈判风格。

第 2 篇由第 2 章和第 3 章组成，主要介绍谈判的宏观环境和谈判的微观环境。第 2 章探讨文化差异在国际谈判中的重要作用，第 3 章则讨论为取得成功结果而应采取的适当谈判风格。

第 3 篇探讨谈判过程，包括第 4~9 章。第 4 章介绍谈判前的准备工作，第 5 章讨论启动国际商务谈判以及迈出第一步，第 6 章探讨让步，第 7 章研究价格谈判，第 8 章讨论的是结束谈判，第 9 章讨论重新谈判。

第 4 篇讨论谈判工具，包括第 10~13 章。第 10 章的主题是有效谈判的沟通技巧，第 11 章揭示了谈判力的作用，第 12 章讨论谈判团队的管理，第 13 章主要讨论开发组织的谈判能力。

第 5 篇包括第 14～18 章。第 14 章讨论涉及无形资产的谈判，第 15 章讨论网上谈判，第 16 章研究跨文化谈判中的性别差异，第 17 章主要探讨小企业与大公司谈判的策略，第 18 章讨论通过口译人员进行谈判。

1.5　小　结

对大多数企业来说，国际商务是不可回避的现实需要。这意味着，谈判人员必须与来自不同文化背景的人进行谈判。这比简单地与文化背景相同的人做生意要困难得多。因此，了解国际商务谈判的基本原则是非常重要的。

本章介绍了国际商务谈判的基本架构及其三个方面：谈判的宏观环境、谈判的微观环境和谈判过程。宏观环境是指谈判所处的商业大气候。微观环境是指谈判各方的谈判力、谈判风格和相互依赖性等因素。谈判过程包括谈判前的准备、启动谈判、让步、价格谈判、结束谈判和重新谈判几个阶段。

本章的最后一个主题涉及谈判的基础工作，包括从国际谈判的视角评估公司的现状，以及评估谈判协议的最佳替代方案（BATNA）。

注释 ////////////////////////

[1]　Rudd and Lawson (2007).
[2]　This and the following section draw heavily from Phatak and Habib (1996)，pp. 30–38.
[3]　Baelman and Davidson (2010), pp. 15–20.
[4]　Moran (2011).
[5]　Jain (2008), pp. 161–162.
[6]　Deardorff (2009).
[7]　Thompson (2009), pp. 31–52.

第 **2** 篇

谈判的宏观环境
和微观环境

第2章

文化在国际谈判中的作用

在跨文化谈判中，信任至关重要。

——佚名

在全球化的世界中，公司是在多元文化的环境中运营的。虽然来自不同国家的人可能会持有类似的观点，但他们仍然会在许多方面存在差异，这由他们的文化决定。即使很多人说英语，但他们看待世界的方式也会有所不同。他们确定商业目标的方式、表达想法和感受的方式，以及表现出的兴趣点都会不一样。文化在人们的生活中根深蒂固，亘古通今。任何谈判人员都无法避免将其文化臆断、印象、偏见以及其他行为特征带入谈判情境。

文化（culture）包括所有习得的行为和价值观，通过经验分享在人类的社会生活中得到传承。文化的概念非常广泛，也极为复杂。它几乎涉及人类生活的每个方面，以及人类所有的生理和心理需求。爱德华·泰勒爵士（Sir Edward Taylor）给出了一个经典的定义："文化是一个复杂的整体，它包括知识、信仰、艺术、道德、法律、风俗，以及作为社会成员的个体所获得的任何其他能力和习惯。"[1]

然后，文化通过周而复始的社会关系不断发展，这些社会关系的形成模式最终会被整个群体的成员内化。人们普遍认为文化必须具有以下三个特征[2]：

1. 文化是习得的。也就是说，随着时间的推移，人们会将其群体文化代代相传。

2. 文化是相互关联的。也就是说，文化的一部分与另一部分紧密相关，比如宗教与婚姻，或者商业与社会地位。

3. 文化是共享的。也就是说，文化的宗旨是被群体中大多数成员接受的。

文化还有一个特征是，它通过不断的修饰和适应而持续演变，部分是为了满足环境需要，部分是由于外部力量的影响。换句话说，文化不是一成不变的，而是随着时间的推移慢慢发生变化的。

2.1 文化对谈判的影响

文化是没有商量余地的。无论交易成功与否，人们都不会为了生意而改变自己的文化。因此，谈判人员应该接受彼此之间的文化差异，并尽力理解这些差异。文化差异会以意义重大且意想不到的方式影响商务谈判。下面概述了文化在国际商务谈判中的重要作用。[3]

2.1.1 谈判的定义

不同文化对谈判的基本概念的理解有所不同。在美国，谈判是以促成交易为目的的一种发盘和还盘的机械活动。这是达成协议的一种简单易行的方法。但在日本，谈判则是有可能促成交易的一种信息的共享和关系的发展。

2.1.2 谈判人员的选择

选择谈判人员的标准因文化而异。通常，选择标准包括专业知识、资历、家庭关系、性别、年龄、经验和身份地位。在选择谈判人员时，不同的文化对这些标准各有侧重。例如，在中东地区，年龄、家庭关系、性别和身份地位更加重要；但在美国，专业知识、经验和身份地位更加受重视。

2.1.3　礼节

谈判各方的正式程度受其文化的影响。从文化上讲，美国是一个不拘礼节的社会，因此美国人喜欢在初次见面时直呼对方的名字。但是，欧洲人对称谓非常敏感。在美国，大学生可以直呼教授的名字；但在德国，有博士学位的教授必须被称为教授或博士。

在东南亚地区，初次见面时呈递商务名片是一种常规礼节。事实上，呈递名片的方式也必须适当。但在美国，双方可能交换也可能不交换名片，也没有呈递名片的文化规范。在许多传统文化中，当一位男性将他人的商务名片放入钱包，再将钱包放入后兜时，这种行为会被视为一种侮辱。（女性谈判人员就没有这个问题。）同样，文化也会影响问候方式以及着装规范。在谈判场合中，一个人问候对方的方式以及着装方式可以传达其谈判利益和意图。

2.1.4　沟通方式

如第 1 章所述，文化在人们的语言和非语言沟通过程中都发挥着重要作用。作为文化的一个组成部分，语言沟通不仅包括口头语言沟通，也包括时间、空间、事物、友谊和协议等方面的符号沟通。非语言沟通则通过手势、表情以及其他肢体动作来进行。

世界上许多不同的语言无法按字面意思互译，理解不同文化中的沟通符号和肢体语言甚至更加困难。例如，短语 "body by Fisher"（菲舍尔公司生产的车身）从字面上翻译成佛兰芒语的意思是 "corpse by Fisher"（菲舍尔旁边的尸体）。类似地，"Let Hertz put you in the driver's seat"（让赫兹公司为您提供汽车租赁服务）从字面上翻译成西班牙语的意思是 "Let Hertz make you a chauffeur"（让赫兹使你成为司机）。"Nova"（新星）翻译成西班牙语是 "it doesn't go"（它不会走）。奥林匹亚公司（Olympia）的 Roto 复印机的销售情况不佳，因为 "roto" 在智利是指 "最低档"，在西班牙语中的意思是 "破损的"。[4]

此外，同一种语言在不同地区使用时也会有不同的意思。例如，以英语为母语的不同国家所使用的英语存在很大差异，有时同一个词在另一种文化中的意思完全不同。短语"table the report"在美国的意思是"postponement"（延期）；但在英国，它的意思则是"bring the matter to the forefront"（将这件事放在首要位置）。

非语言沟通的方式之一是肢体语言。在一个国家无伤大雅的某种肢体语言可能在另一种文化中就是粗鲁无礼的。思考下面的一些例子。

切勿触摸马来人的头顶，因为那是灵魂所在之处。切勿在阿拉伯人面前露出你的鞋底，因为它是肮脏的，代表着身体的底端。切勿在穆斯林文化中随便使用左手，因为左手是专门用来保持生理卫生的。在意大利，摸鼻子是不信任的表现。在阐述重要观点时，一定要专注地直视法国合作伙伴的眼睛。但是，在东南亚地区应避免直接的眼神接触，除非双方已经建立了稳固的关系。如果你的日本合作伙伴刚刚透过牙缝深深地吸了一口气，那就表明你有麻烦了。在结束了一次漫长而成功的谈判后，你的墨西哥合作伙伴很可能想拥抱你；中欧和东欧合作伙伴也会如此，他们可能会给你一个热烈的拥抱，并交替在你的双颊上亲吻三次。美国人之间的交往距离通常比拉美人之间远，但比亚洲人近。在美国，人们握手时非常用力并且时间较长；在欧洲，握手通常是短暂且点到即止的；在亚洲，握手则往往相当温和。在西方国家，哈哈大笑和咯咯笑意味着幽默；但在亚洲，它常常表示尴尬或谦逊。此外，在大多数的环太平洋国家，当众表达深切的情感被认为是不礼貌的，一个人的私人自我与公共自我之间是截然分离的；但在拉丁美洲，克制情感往往会导致不信任。[5]

2.1.5 时间观念

时间的意义和重要性因文化而异。在东方文化中，时间是流动的、循环的，它永无休止，因此，谈判延迟并无大碍。但在美国，时间是固定的、宝贵的，时间就是金钱，不容浪费，因此，美国人喜欢按时开始谈判，按小时安排谈判时间表以完成一天的议程，并在截止期限前结束谈判。

2.1.6 风险倾向

人们承担风险的意愿因文化而异。在风险倾向较高的文化中，即使缺乏特定信息，只要商业机会看起来很有吸引力，谈判人员就能达成交易。但在风险倾向较低的文化中，人们则会谨慎行事。在达成最终协议之前，来自风险规避型文化的谈判人员会收集额外信息，以仔细研究交易的方方面面。

2.1.7　集体与个人

在一些文化中，个人非常受重视。但在另一些文化中，集体则更加重要。在集体导向型文化中，完成谈判需要花费更长时间，因为必须达成集体共识。

2.1.8　协议的性质

协议的性质也因文化而异。在美国，协议的合理性、正式性和合法性非常受重视。例如，如果交易能以较低的成本达成，如果协议中的所有细节均能得到充分说明，如果协议具有法律强制力，那么协议就是令人满意的。但在传统文化中，交易的达成取决于家族或政治关系，即使协议的某些方面存在不足之处。此外，协议也不是永久性的，可能会随着情况的发展而变更。

2.2　理解文化

理解文化的第一步是确定你想深入了解其文化的群体或团体。从文化上讲，世界可以划分为许多群体，每个群体都有自己的传统、特征、价值观、信仰和礼仪。人们经常笼统地谈论文化，如亚洲文化、拉丁文化、西方文化等。但就谈判而言，仅仅对亚洲人有一种宽泛的看法是不够的，因为日本谈判人员可能会持有与韩国人不同的价值观。同样，同一文化或同一民族的人也可能会表现出差异。例如，在印度，南印度人的文化可能与北印度人不同；印度穆斯林是与印度教教徒不同的文化群体。可见，一个国家内也可能有多个截然不同的文化群体。

一旦谈判人员了解了对方所属的文化群体，就应该尽力去理解该文化的历史、价值观和信仰。理解另一群体文化的最佳方式是花数年时间研究它的历史，掌握它的语言，并与那里的人一起生活以体验他们的生活方式。但是，对于潜在的谈判人员来说，这种做法是匪夷所思的。因此，作为替代方法，你可以阅读相关书籍，与了解该群体的人交流，或者聘请一些专门与该群体进行商业交易的顾问，以尽可能深入了解该群体文化。

当你试图理解一个群体的文化时，你可能会想知道应该关注哪些特定方面。这一点很重要，因为文化本身是一个很宽泛的领域，如果你不知道自己的目标，即使读了很多书，也可能学不到多少东西。[6]对谈判人员来说，相关的文化知识可以分为两类：（1）传统和礼仪，以及群体行为（它可以进一步分为礼节和举止，以及更深层次的文化特征）；（2）关于谈判的关键人物和决策过程的文化知识。

在本书详细阐述这些类别之前，你需要首先理解的是，应谨慎应用文化知识。你应该避免对一个群体形成刻板观念，也不要将这些观念视为普遍真理。例如，并不是所有日本人都避免给出直接的否定回答，并不是所有墨西哥人都介意在午餐时谈生意，也并不是所有德国人都会对发盘提出直截了当的意见。事实上，当你用刻板印象来描述一个群体文化时，他们会产生被冒犯的感觉。如果你对一位拉美谈判人员说，"虽然我们计划在上午 9 点开始开会，但我知道你 9 点半之前到不了，因为拉美人总是迟到"，那他会非常生气。

除了民族文化，谈判人员还需要了解一些专业文化和企业文化。专业文化涉及对特定学科（如会计学、经济学、工程学、化学等）作过研究的个体。由于学习了专业知识，这些专业人员具备良好的分析能力，熟悉技术术语，并倾向于从其专业视角看待问题（这使他们有别于其典型的民族文化群体）。

企业文化在商务谈判中起着重要作用。所有企业都会花数年时间发展自身的企业文化、价值观和规章制度。例如，国有企业或公共事业部门的官员与高科技初创公司的谈判人员有着不同的风格。创业者的谈判风格也很可能与跨国公司的首席执行官截然不同（见图表 2-1）。

图表 2-1　不同类型企业谈判人员的文化差异

文化特征	企业类型		
	创业者/ 初创公司的谈判人员	跨国公司的谈判人员	公共事业部门/ 国有企业的高级官员
信念	勇于冒险	愿意承担适度的风险	规避风险
寻求的目标	高收益	可持续高利润	稳定收益

续表

文化特征	企业类型		
	创业者/ 初创公司的谈判人员	跨国公司的谈判人员	公共事业部门/ 国有企业的高级官员
决策方式	快速	果断	在冗长的会议后
自己的角色定位	执行者	决策者	政策制定者
关注点	快速增长	声誉	稳定性/持续性
对谁负责	自己/合作伙伴	利益相关者	广大公众
谈判方式	小型团队/单独	多学科团队	大型团队
重视点	自我实现	权力	地位/声誉
沟通方式	直接/使用技术术语	直接但谨慎	间接/保守

　　经验表明，当涉及影响谈判人员行为的另外两个因素时，上述文化特征仅具有参考作用，必须谨慎处理。一个因素是年龄，另一个因素是文化多元性。如今，年轻的专业人士之间更容易相互理解。与你会面的年轻谈判人员曾经出国留学，会说一种或多种外语，去过很多地方，这是很常见的事情。这些谈判人员在自己的文化环境之外工作时不会感到不适，也不再是其自身文化群体的代表。

　　类似地，拥有多年海外工作经验的谈判人员会对外国文化有更深刻的理解，也会产生新的价值观以及对文化多样性的包容。这些谈判人员更倾向于以多元文化为导向。因此，明智的谈判人员会尽可能多地了解对方的文化背景，以避免因在文化方面犯错而导致谈判破裂或结果不佳。

➡ 2.3　礼节和举止

　　大量文章和书籍都探讨过不同群体的文化特征，也为国际商务人士提供了在不同情况下该做什么或不该做什么的建议。思考以下一些不同社会中的跨文化谈判行为：

　　• 英国谈判人员很正式也很有礼貌，并且非常重视适当的礼节。他们也关注适当的礼仪。

　　• 法国人在做生意时希望对方的行为方式与他们一样，包括说法语。

　　• 礼节在德国很重要也很正式。着装要庄重，言行举止要恰当。严谨的目标与庄重的着装密不可分。

● 瑞典人在商业关系中往往很正式，不喜欢讨价还价，期待缜密的、专业的、无瑕疵的发盘，并且看重质量。

● 意大利人非常热情，但通常性情反复无常。他们在提出观点时往往会使用大量的手势和表情。

● 日本人通常会在商务谈判之前花几天甚至几周的时间来营造一种友好的、相互信任的氛围。

● 在印度，商务谈判会以一种正式但轻松的方式进行。关系非常重要，并且在吸烟、进入房间或坐下之前应征得他人的允许。

● 对墨西哥人来说，感性和激情比理性更加重要。墨西哥人在选择谈判人员时往往更重视他们的辞令技巧以及出色的表现能力。

● 对巴西人来说，谈判过程通常比最终结果更有价值。谈判往往是活跃、热烈、引人入胜、意味深长且妙趣横生的。巴西人喜欢热情地款待对方，以营造舒适的社交氛围。

● 俄罗斯谈判人员往往不信任那些只关心商务议题的人。他们在第一次与对方做生意时通常会非常谨慎。

关于不同群体之间文化差异的示例不胜枚举。尽管此类信息可能会帮助谈判人员避免某些错误，但它过于笼统，因此在谈判中的用处不大。此外，虽然文化确实在谈判中起着作用，但其他因素（如谈判人员的个性及其所属组织的文化）也会影响谈判行为。因此，谈判人员可以参考图表 2-2，寻找一些关于礼节和举止问题的答案。对这些问题保持敏感可使谈判人员避免冒犯对方，表现出尊重，增进友好关系，以及加强沟通。

图表 2-2　跨文化礼仪

问候	人们如何彼此问候和称呼？商务名片起什么作用？
正式程度	谈判对方希望我正式地还是非正式地着装以及与其互动？
礼物赠送	商务人士是否会交换礼物？什么样的礼物更合适？礼物赠送是否有禁忌？
触摸	人们对身体接触持什么态度？
眼神接触	直接的眼神接触是否礼貌？对方是否希望我这样做？
举止	我应该展现什么样的举止？正式的还是随意的？
情感	流露情感是不是粗鲁的、尴尬的或罕见的？
沉默	保持沉默是不是尴尬的？期望的？无礼的？恭敬的？

续表

用餐	什么样的用餐方式更恰当？是否有禁忌的食物？
肢体语言	是否有特定的手势或肢体语言是粗鲁的？
时间观念	我是否应该准时并要求对方也准时？时间表和议程是否可以灵活安排？

资料来源：James K. Sebenius, "The Hidden Challenge of Cross-Border Negotiations," *Harvard Business Review*，March 2002，pp. 80.

2.4　更深层次的文化特征

为了提供更深层次的行为文化知识，下面介绍两个理论框架：爱德华·霍尔（Edward Hall）的"无声的语言"（silent language）和吉尔特·霍夫斯泰德（Geert Hofstede）的"文化维度"（cultural dimensions）。

2.4.1　霍尔的理论框架

霍尔提出，以下几个方面驱动表面行为，对它们的理解有助于了解一个群体的文化。[7]

● 关系：这种文化是关注交易还是关注关系？在关注交易的文化中，关系是通过做生意建立的；但在关注关系的文化中，交易产生于已经建立的关系。

● 沟通：沟通方式是间接且高语境的还是直接且低语境的？语境的非语言线索在谈判中起重要作用，还是谈判很少依赖语境线索（见图表 2-3）？沟通需要的是详细信息还是简明信息？许多北美人喜欢简明扼要的沟通，相比之下，许多亚洲人似乎对详细信息情有独钟。

图表 2-3　低语境沟通与高语境沟通

文化中的沟通方式主要分为语言沟通和非语言沟通。在语言沟通中，信息是通过一种使意思既明确又具体的代码来传递的。在非语言沟通中，非语言线索成为传达意思的主要渠道。这种功能称为语境。语境包括围绕单词或段落并阐明其含义的有声沟通因素和无声沟通因素，即那些会对沟通产生影响的情境和文化因素。高语境或低语境是指在沟通中所传达出的信息量。这些因素包括一个人说话的语速、音调或语调、流利程度、表达方式，以及细微表情。非语言沟通方式包括眼神接触、瞳孔的收缩和扩张、面部表情、气味、颜色、手势、肢体动作、接近程度，以及对空间的利用。

续表

　　在任何特定文化中，沟通中的语境部分越大，人们就越难传达或接收信息。相反，如果在一个人所属的文化中，信息中的语境部分相对较小，那么与这个人沟通就更容易。在高语境文化中，关于个体的信息（以及有关该文化中的个体和群体行为的信息）大多是通过非语言方式提供的，它也会通过一个人的身份地位、朋友以及合作伙伴来体现。信息可以在该文化中自由传递，尽管不属于该文化的外来者可能难以解读这类信息。

　　在低语境沟通中，信息是通过一种显示代码来传递的，以弥补共享含义的缺失，这种代码就是词语。在低语境文化中，环境、情境和非语言行为相对来说不那么重要，重要的是必须提供更明确的信息。人们重视直接的沟通方式，而不喜欢模糊不清的方式。人际关系维持的时间相对较短，并且个人参与往往不太受重视。低语境国家往往更具异质性，社会流动性和职业流动性也更大。权力通过行政体系分散开来，这使个人掌权变得难以实现。协议往往采用书面形式，而不是口头形式，并且被视为具有终局性和法律约束力。

　　低语境国家包括英美法系国家，以及日耳曼和斯堪的纳维亚国家。

　　高语境国家大多位于亚洲（日本、中国、韩国、越南），地中海沿岸（希腊、意大利、西班牙以及法国部分地区），中东地区，以及拉丁美洲部分地区。

　　资料来源：Excerpted from Donald W. Hendon, Rebecca A. Hendon, and Paul Herbig, *Cross-Cultural Business Negotiations* (Westport, CT: Quorum Books, 1996), pp. 65 - 67.

　　● 时间：这种文化通常倾向于"在同一时间段内执行单项任务"还是"在同一时间段内执行多项任务"？在盎格鲁-撒克逊文化中，人们通常对准时和时间表持非常严肃的态度。与这种"单任务"导向相比，在"多任务"导向的文化中，时间更加不固定，截止期限更加灵活，中断的情况很常见，人际关系也比时间表更重要。

　　● 空间：人们喜欢保持较大的个人空间还是较小的个人空间？在许多正式程度较高的文化中，离一个人太近会使对方感到极度不适。相比之下，如果一位瑞士谈判人员本能地后退，以躲开正在靠近的巴西谈判人员，这可能会无意中传达出一种鄙视的态度。

2.4.2　霍夫斯泰德的文化维度

　　根据霍夫斯泰德的理论，不同国家的人感知和解释世界的方式在四个维度上有所不同：权力距离，不确定性规避，个人主义与集体主义，以及男性特质。霍夫斯泰德基于对 40 多个国家和地区的 6 万多名 IBM 员工的访谈得出了上述结论。[8]

权力距离（权力的分配）

权力距离是指一个国家的人可接受的不平等程度（即从相对平等到极不

平等）。在一些社会中，权力集中在少数高层人士手中，他们制定所有的决策，其他人只能执行这些决策，这种社会的权力距离水平很高。但在另一些社会中，权力则广泛分散，人与人之间的关系也更加平等，这种社会属于权力距离水平较低的文化。权力距离的水平越低，个人就越希望参与组织的决策过程。就谈判而言，相关问题包括：显著的权力不平等是否可接受？组织运营主要是采用自上而下的方式，还是权力分配更广泛且更平均？

不确定性规避（对不确定性的容忍度）

不确定性规避是指一个国家的人相对于不确定的情况，对确定的情况的偏好程度。在组织层面，不确定性规避与办事程序、规则导向以及雇佣关系稳定性等因素有关。因此，在不确定性规避水平较低的社会中，员工在面对未来时不会承受很大压力。对未来事件的不确定性也不会导致风险规避行为。相对于员工来说，在不确定性规避水平较低的文化中，管理人员会避免形成官僚结构，因为这会使其难以应对不断演变的事件。但在其他文化中，人们在处理未来事件时会感受到压力，因此会采取各种措施来应对不确定性的影响。这种社会属于不确定性规避水平较高的文化，这种文化中的管理人员往往会开展诸如长期计划之类的活动，以建立保护屏障，从而尽量降低对未来事件的焦虑。就不确定性规避而言，美国和加拿大的得分很低，这表明它们有能力对未来变化作出更快的反应；但日本、希腊、葡萄牙和比利时的得分很高，这表明它们希望以一种更有条理和更有计划的方式迎接未来。与国际谈判相关的问题是：人们对不确定性或非结构化的情况、流程和协议的接受程度如何？

个人主义与集体主义

个人主义是指人们作为个体而不是作为有凝聚力的群体成员而行动（即从集体主义者到个人主义者）的程度。在个人主义社会中，人们以自我为中心，几乎不需要依赖他人。与集体目标相比，他们更寻求实现个人目标。个人主义社会中的管理人员本质上具有竞争意识，对其所在组织的忠诚度不高。但在集体主义社会中，成员具有集体意识。他们的个人目标从属于集体目标。他们相互依赖，并寻求相互理解，以维持集体的和谐。集体主义社会中的管理人员对其组织具有很高的忠诚度，并赞同共同决策。一个国家的个人主义指数越高，其领导层的管理理念与寻求为自身最终利益而行动的个人的联系就越紧密。英国、澳大利亚、加拿大和美国在个人主义方面的得分很高，日本、巴西、哥伦比亚、智利、哥斯达黎加和委内瑞拉的得分则非常低。就国际谈判而言，谈判人员必须确定谈判对方的文化重视的是个人还是集体。

男性特质（和谐还是独断）

男性特质是指与"女性化"价值观（如追求生活质量、维持良好的人际关系、服务、关爱弱者、团结一致等）相比，"男性化"价值观（如独断、执行力、成功、竞争意识等）占上风的程度。女性特质文化重视"小而美"的事物，强调生活和环境的质量，而不是物质上的目标。美国、加拿大和日本的男性特质指数相对较高，都很重视绩效评估方法和奖励制度。但在丹麦和瑞典等男性特质指数较低的社会中，人们更倾向于受定性目标的激励，并将其作为充实工作的一种手段。在男性特质得分上的差异也可以体现于组织提供的职业机会类型以及相关的职业流动性。对跨文化谈判来说，谈判人员应了解该文化强调的是人际和谐还是独断专行。

数年后，霍夫斯泰德增加了第五个文化维度，即长期导向与短期导向。长期导向的社会更重视毅力、节俭、大量储蓄、面子等。但是，短期导向的社会重视的主要是快速的结果：消费、低储蓄，以及"与他人攀比"的社会风气等。东亚国家的长期导向指数较高，而大多数西方社会的这一得分较低。该文化维度使谈判人员能够根据对方的长期或短期目标来调整其初始发盘和还盘。

在跨文化环境中进行谈判的谈判人员可以应用上述两个理论框架之一，以更深入地理解谈判所在国家的文化。本书提到的霍尔和霍夫斯泰德的著作简明易懂，强烈推荐给那些需要进行国际谈判的人。

➡ 2.5 关键人物和决策过程

谈判人员是指在达成商业交易的过程中那些代表其组织的人。虽然了解谈判人员的文化背景和谈判风格非常重要，但了解他们所属的组织以及他们在征求协议的最终批准时必须遵循的过程可能更为重要。一份有意义的商业协议在最终敲定之前，需要经过组织中不同层级的个体的确认。因此，弄清楚那些可能影响谈判结果的人都是谁，每个人起什么作用，以及这些人之间的非正式网络关系等问题是非常有用的。[9]

2.5.1　关键人物

关键人物是指在谈判协议最终敲定之前，必须得到其批准的那些公司内部和外部的人员。在开始谈判之前，全面考察关键人物对特定协议类型的态度是至关重要的。例如，在美国，任何大型交易都必须得到公司高管以及董事会的批准，还需要经过美国证券交易委员会（Securities and Exchange Commission）、美国联邦贸易委员会（Federal Trade Commission）、美国司法部（Justice Department）等关键部门的确认。类似地，在德国，在达成交易之前，必须得到工会的认可。在欧洲，欧盟在许多情况下会成为一个绊脚石。例如，欧盟对通用电气公司（General Electric）收购霍尼韦尔公司（Honeywell）会引发的竞争问题表示担忧，这使通用电气公司的管理层感到震惊。

在某些国家，一项商业交易必须首先得到不同政府部门的批准。在某些情况下，甚至非政府组织（nongovernment organization，NGO）也可能阻碍交易的达成。因此，谈判人员应该编制一份所有对协议有发言权的关键人物的名单。

2.5.2　决策过程

同样重要的是，需要了解每个关键人物在协议的批准过程中可能起到的作用。每个关键人物各自关注交易的哪些特定方面？谁有权否决某个人的提案？什么样的信息可以促使不同的关键人物作出有利的响应？

2.5.3　非正式影响力

许多国家都拥有比正式的管理人员更具影响力的非正式网络。这些具有影响力的人物可能没有正式的身份，但他们可以促成或破坏谈判。谈判人员应该确定这些有影响力的人物的作用，并在制定谈判方法时加以考虑。

只是简单地了解谁会参与谈判过程是不够的。谈判人员在谈判时往往会试图影响组织决策过程的结果。这个过程也会因文化而异。此外，还要针对不同的过程采取截然不同的谈判策略。这意味着，应该根据谈判参与者及其需要遵循的过程来谨慎制定谈判方法。

➡ 2.6　跨文化谈判中特有的问题

有关谈判对方文化的知识有助于谈判人员更有效地沟通、理解、计划和制定交易的各方面决策。但文化本身是一个宽泛的领域，而且世界上有数百种不同的文化。没有任何一个国际谈判人员能够轻松应对这种文化挑战，无论其技能和经验如何。为了使工作更轻松，接下来讨论在跨文化谈判中经常会遇到的一些问题。[10] 谈判人员只有学会如何处理这些问题，才算是接受了足够的谈判文化方面的训练。

2.6.1　谈判目标：合约还是关系

在一些文化中，谈判人员更感兴趣的是达成短期交易，比如美国。因此，对他们来说，签约是谈判目标。但在另一些文化中，谈判人员重视的是建立长期关系。例如，在日本，谈判目标并不是签约，而是建立双方之间的持久关系。

谈判人员必须弄清楚自己的目标是否与对方的目标一致。如果双方的目标不同，就很难达成交易。

2.6.2　谈判态度

谈判方式主要分为两种："双赢"和"一赢一输"。如果双方将谈判视为双赢情况，就容易达成协议，因为双方都会受益。如果一方将谈判视为一赢一输的情况，交易可能就很难达成，因为弱势方会认为对方的收益是以己方的损失为代价的。强势方可以采取以下方法来缓和对方的这种态度：（1）充分解释交易的各方面问题，因为对方可能对正在谈判的交易细节缺乏准确的理解。（2）通过询问来确定对方的真正利益，为此谈判人员可能需要了解对方的历史文化。（3）修改发盘以满足对方的利益。

2.6.3　个人风格：非正式还是正式

个人的谈判风格可以是非正式的，也可以是正式的。风格在这里是指谈判人员说话、称谓和着装的方式。例如，北美人倾向于非正式的风格，在初次见面时会直呼对方的名字，但德国人更喜欢正式的风格。就这方面而言，客方应努力调整其风格，以与主方保持一致。

2.6.4　沟通方式：直接还是间接

在采用直接沟通方式的文化（如德国）中，谈判人员往往可以得到对问题的直接回答。但在采用间接沟通方式的文化（如日本）中，可能就很难轻松地解读信息。间接沟通通常使用的是手势、肢体动作以及一些模糊不清的意见等，这些都是谈判人员必须学会解读的。

2.6.5　对时间的敏感度：高还是低

一些文化的时间观念弱于另一些文化。对北美人来说，时间就是金钱，永远短缺，因此，他们喜欢快速进行谈判并快速签订合约。但墨西哥人的时间观念相对较弱，因此，当墨西哥人与北美人谈生意时，可能会将后者缩短时间的意图视为隐瞒信息的企图。应计划并安排好谈判会议的时间表，这样才能以适当的节奏进行谈判。

2.6.6　情绪化程度：高还是低

一些谈判人员比另一些谈判人员更加情绪化。因此，谈判人员应该接受对方的情绪化行为，并根据这种行为适当调整谈判策略。

2.6.7　协议的形式：略式还是详式

文化往往会影响谈判方所要求的协议形式。通常，北美人更喜欢签订详细的合约，对所有可能发生的情况作出规定。如果谈判人员偏好详细的协议，但对方偏好概略的条款，那么谈判人员就应该仔细研究各项条款，以确保在任何情况下，对这些条款的解释都不会使其遭受重大损失。

2.6.8　协议的形成：自下而上还是自上而下

一些谈判人员习惯于从协议的概略条款开始谈判，然后再讨论具体问题，如价格、交货日期以及产品质量等。另一些谈判人员则直接从具体条款开始，这些条款整合起来就形成了协议。这只是一种风格上的差异。如果谈判人员偏好自下而上的方式，但对方偏好概略条款（即自上而下的方式），那么谈判人员应在达成交易之前，尽量收集各方面的具体信息。

2.6.9　团队组织：独断还是共识

在一些文化中，决策权掌握在某一位主管手中。但在另一些文化中，在达成交易之前，必须得到集体的同意。对后一种类型的组织来说，敲定协议需要花费更长时间，因此其谈判对方应该对所需的时间提前做好准备。

2.6.10　风险承担倾向：高还是低

谈判人员必须弄清楚对方对风险的态度。如果谈判人员确定对方倾向于规避风险，就应该将注意力集中在提出规则、制定机制以及建立关系上，以降低交易中比较明显的风险。

2.7　小　结

当人们在国外与他人谈判时，文化就成为一个重要因素。这是因为来自不同文化背景的人在其所作所为中会持不同的观点。因此，他们的谈判风格、技巧和行为也各不相同。更具体地说，文化影响着谈判的定义、谈判人员的选择、礼节、沟通方式、时间观念、风险倾向、集体导向与个人导向以及协议的性质。

就跨文化谈判人员而言，必要的文化知识分为两类：（1）传统和礼仪，以及群体行为（它可以进一步分为礼节和举止，以及更深层次的文化特征）。
（2）关于谈判的关键人物和决策过程的文化知识。

礼节和举止涉及问候、正式程度、礼物赠送、触摸、眼神接触、情感、沉默、用餐、肢体语言以及时间观念。为了使读者更深入地理解文化，本章还介绍了两个理论框架：一个由爱德华·霍尔提出，另一个由吉尔特·霍夫斯泰德提出，其中任何一个都可以用来获得更深层次的文化洞见。此外，了解谈判中的关键人物及其决策过程也很重要。这需要弄清楚谁是影响谈判的关键人物，每个关键人物起什么作用，以及那些在谈判过程中举足轻重的非正式影响力。影响谈判的文化问题包括谈判目标、谈判态度、个人风格、沟通方式、对时间的敏感度、情绪化程度、协议的形式、协议的形成、团队组织以及风险承担倾向。

注释 ////////////////////

[1]　Taylor (1871), p. 1.
[2]　Hall (1977), p. 16.
[3]　Lewicki et al. (2001), pp. 196–200.
[4]　Ricks (1998), p. 11; Dinker et al. (1998), pp. 337–345.
[5]　Foster (1992), p. 281.
[6]　Herbig and Kramer (1992), pp. 287–298.
[7]　Hall (1973); Sebenius (2002), pp. 76–89.
[8]　Hofstede (1980).
[9]　Sebenius (2002), pp. 76–89.
[10]　Salacuse (2005), pp. 1–6.

第3章

选择谈判风格

解决问题的能力是技巧娴熟的谈判人员最宝贵的财富。

——梅拉妮·比林斯-云 （Melanie Billings-Yun）

无论过去的经历如何，人们总是对某种谈判方式情有独钟。在多年的谈判经历中，他们会与各种不同风格的人打交道，可能是咄咄逼人的人，可能是表现出合作态度的人，可能是通过相互让步解决分歧的人，也可能是会彻底退出谈判的人。谈判人员必须了解自身的谈判风格以及谈判对方的风格。这种了解使谈判人员能够改进自己的准备工作，包括根据情况选择最适当的谈判风格。由于每次谈判都是独一无二的，在开始谈判之前，谈判人员应该弄清楚对方的风格，并调整自己的风格，以实现共同利益最大化。

➡ 3.1 谈判人员之间的风格差异

每个谈判人员都有自己的谈判风格。这取决于其文化背景、职责、谈判环境，以及谈判人员寻求的是一次性交易还是长期的重复合作。谈判风格可以分为五种类型。这些风格受两个主要因素的影响，即关系导向型结果和实质性（任务导向型）结果。在大多数谈判中，谈判人员需要在这两种导向之间作出权衡。在确定这两种导向的相对影响时，文化特征起着重要作用。[1]在建立和维持关系对开展业务至关重要的文化中，主要的谈判风格更倾向于关系导向型。在竞争型文化中，只有最终结果才被认为是重要的，谈判风格更倾向于任务导向型，往往采用竞争性和对抗性策略。[2]

谈判风格可以分为五种类型：逃避责任型、不切实际型、讨价还价型、主动竞争型、问题解决型。

3.1.1　逃避责任型

一般来说，逃避责任型谈判人员不喜欢面对必须制定决策并承担风险的情况。在谈判中，他们会试图推迟决策，或者试图寻找一些根本不参与谈判的理由。换句话说，逃避责任型谈判人员是不情愿的一方，他们不喜欢谈判，有可能随时退出谈判，或者轻易地拒绝谈判。这些情况并不常见，但在某些文化中这些情况比较常见，因为在这些文化中不愿意谈判的原因是缺乏兴趣。在一些情况下，当谈判双方会面时，一方可能不再有兴趣进行谈判，因为已经从对方的竞争对手那里获得了更有利的发盘。因此，该谈判方就会采取逃避责任的态度。有时，开展跨文化业务的谈判人员很可能遇到这种逃避责任的人，这时就应该尽早决定是继续谈判，要求休会，还是仅与那些承担决策责任的谈判人员进行谈判。

3.1.2　不切实际型

不切实际型谈判人员在谈判时只关注一个主要目标，就是维持关系，即使这意味着作出不必要的让步，同时降低自己的期望。有时，他们会假装同意对方的意见，以维持良好的关系和意愿，即使实际上双方仍存在分歧。在比较传统的文化中，关系在谈判中起主导作用。如果没有关系，或者没有可信的第三方从中介绍，谈判就不可能进行。在竞争型文化中，不切实际型谈判人员处于劣势，因为他们的行为经常会被视为软弱的表现。例如，在亚洲文化中，保全面子是谈判的重要组成部分。如果谈判人员没有考虑到关系以及保全面子（或给面子）的作用，谈判就有可能陷入僵局甚至彻底破裂。

为了维持关系，不切实际型谈判人员往往会宁愿在实质性议题上接受低于期望的结果。对于那些寻求进入新市场的谈判人员来说，这样的谈判通常很有意义，因为他们会为了开展业务而采取一种通融的态度。但是，如果作出的让步没有获得相应的回报，就很难达成有利的协议。

3.1.3　讨价还价型

讨价还价型谈判人员认为谈判是一种互惠互让的活动。只要可以从对方那里获益，他们就愿意降低自己的期望。说服、部分信息交换以及操纵会主导整个谈判过程。短期展望以及快速的来回让步在谈判中很常见。讨价还价型谈判人员会采取灵活的谈判方法，也会即时作出妥协。因此，他们往往无法实现最佳结果，忽视细节，有时甚至会错失长期机遇。

在寻求快速解决方案的过程中，讨价还价型谈判人员不会去考虑对方的潜在需求。他们仅仅寻求建立一种表面关系，并满足于折中方案以达成最终协议。

这种风格更适用于国内市场上的一次性交易。但在国际谈判中，长期关系和相互信任是成功履行协议的基本要素，因此讨价还价不是能够满足双方利益的有效方法。

3.1.4　主动竞争型

主动竞争型谈判人员享受为利益而争，喜欢主动出击，并且常常采用强硬策略。他们会为了实现自己的目标而奋战，甚至不惜以得罪对方为代价。满足自身利益是他们的首要目标。主动竞争型谈判人员为了赢得胜利会尽其所能，也会充分利用对方的弱点。他们在谈判中极具说服力，并且擅长持续控制谈判。在这类互动中，双方交换的信息很有限。一般来说，这种情况会导致一赢一输的协议，也就是说，主动竞争型谈判人员通过获得大部分的让步而赢得大部分的利益，但作为回报，给予的让步却很少（如果有的话）。通常，如果弱势方决定退出，这样的谈判就会以破裂告终。毕竟，达不成交易也好于接受一笔不利的交易。

依赖于竞争性战略战术的谈判人员随处可见，不过他们大多集中在任务导向型文化中。在这些文化中，只有有形结果才被认为值得谈判。短期利益比长期利益更重要，并且关系通常被认为是微不足道的。[3] 因此，这类谈判协议是不可持续的，当弱势方无法继续履行其承诺时，往往就需要进行重新谈判。

3.1.5 问题解决型

在寻求双方都满意的协议的过程中，问题解决型谈判人员会表现出创造力。他们会花时间来确定对方的潜在需求，以探索如何才能最好地满足双方的共同利益。在寻求共同解决方案的过程中，他们会同时考虑关系与实质性议题，因为二者对他们来说同等重要。问题解决型谈判人员会提出大量问题，大方地共享信息，并提出一些选择方案和替代方案。在谈判过程中，他们重视共同需求，并且会频繁地总结到目前为止已达成的共识。[4] 他们往往具有长远的眼光，有时会以牺牲一些短期利益为代价。

在谈判过程中，问题解决型谈判人员会在一种合作性和建设性的氛围中交换相关信息并提出大量问题。这种谈判风格需要花费更长时间做准备工作，也需要双方进行面对面的谈判。通过研究替代方案以及制订多种选择方案，问题解决型谈判人员能够实现双方同时获益的最佳结果，这被称为双赢。[5] 这种谈判风格更有利于国际商业交易，因为协议的长期履行情况决定了它是否有利可图。

图表 3 - 1 总结了每种谈判风格的优势和劣势。

图表 3 - 1　不同谈判风格的优势和劣势

	优势	劣势	适用于
逃避责任型	● 冷静淡然 ● 会首先评估风险 ● 要求较低	● 无法制定决策 ● 不喜欢谈判 ● 不做准备工作 ● 不善于与人相处 ● 往往不活跃	● 避免达成不利的交易 ● 在问题不重要时测试市场 ● 避免对双方都不利的局面
不切实际型	● 寻求维持关系 ● 表现出对他人的关心 ● 重视友谊	● 想要得到他人的喜欢 ● 轻易让步 ● 以牺牲自身利益为代价来维持关系 ● 让步太多	● 寻求进入新市场 ● 在关系导向型市场中做生意

续表

	优势	劣势	适用于
讨价还价型	<ul><li>快速决策</li><li>喜欢做交易</li><li>没有强硬的立场</li><li>容易打交道</li><li>对还盘持有开放的态度</li></ul>	<ul><li>一赢一输导向型</li><li>接受低于期望的结果</li><li>满足于快速的结果</li><li>短期导向型</li><li>轻易让步</li></ul>	<ul><li>处理不重要的议题</li><li>快速决策</li><li>打破僵局</li><li>重新谈判</li></ul>
主动竞争型	<ul><li>勇于冒险</li><li>关心自己的需求</li><li>控制谈判</li><li>有说服力/坚持不懈</li><li>享受压力</li></ul>	<ul><li>不关心对方的利益</li><li>大多是短期导向型</li><li>不愿意改变立场</li><li>不善于倾听</li><li>经常导致谈判破裂</li></ul>	<ul><li>快速决策</li><li>在竞争型市场中做生意</li><li>当对方采用类似风格时</li></ul>
问题解决型	<ul><li>共享信息</li><li>创造价值</li><li>双赢导向型</li><li>寻求双赢交易</li><li>制订选择方案</li><li>善于倾听</li><li>提出大量问题</li></ul>	<ul><li>决策速度慢</li><li>忽视细节</li><li>有时不切实际</li><li>耗费时间</li><li>需要做全面的准备工作</li></ul>	<ul><li>开展长期交易</li><li>重复合作</li><li>进行复杂的谈判</li><li>处理重要交易</li></ul>

3.2 适当的谈判风格

在上述五种谈判风格中，问题解决型被认为更胜一筹，因为采用这种风格的谈判人员会设法满足双方的需求。他们意识到，达成共识的结果才是应对竞争威胁以及不满一方可能产生的强烈反对的最佳保障。这种谈判风格要求谈判人员进行全面的准备工作，以确定自身的具体需求以及对方的利益所在，从而制订选择方案，并针对需要作出的让步和想要得到的让步制订计划。这种风格也要求谈判人员具备开放和灵活的思维方式，能够提出大量的问题，并积极主动地倾听以充分理解对方。在这类谈判中，双方会交换有用的信息，从而探索他们可以利用的各种机会。最后，问题解决型谈判人员可以通过扩大可达成协议空间来改善其预期结果。[6]换句话说，采用问题解决型风格的谈判人员最有可能实现最佳结果［也称为帕累托边界（Pareto frontier），即不可能存在更好的结果］，也就是说，双方都会获益，既不需要放弃更多，也不需要从对方那里得到更多。

　　图表 3-2 显示了每种谈判风格适用于何种谈判情况，以及问题解决型风格如何使谈判人员实现最佳结果和共同利益最大化。

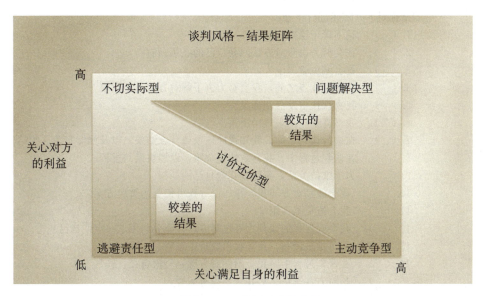

图表 3-2　共同利益最大化

➡ 3.3　确定谈判风格

　　大多数人会根据自己所处的情况采用一种或多种谈判风格，尽管他们可能倾向于某种特定的风格。在与对方互动的过程中，谈判人员经常会调整风格。如果谈判对方采用的是竞争性或进攻性策略，你就需要用适当的策略来应对，以保护自己的利益。[7]同样，为了传达"这种策略不利于满足双方各自的需求"这样的信息，你需要在对方面前树立一种自信的形象。换句话说，尽管倾向于采用某种风格，但你必须根据对方的行为作出调整。

　　你可以按照下列步骤来确定你偏爱的谈判风格。首先，以 5 级量表（其中 1＝强烈不同意，2＝不同意，3＝没有明确观点，4＝同意，5＝强烈同意）对图表 3-3 所示的个人评估表中的 35 条陈述进行评分。

图表 3-3　个人评估表

以 5 级量表（1＝强烈不同意，2＝不同意，3＝没有明确观点，4＝同意，5＝强烈同意）对每条陈述进行评分，确保该评分能够最好地反映你在谈判时的行为。

请你对下列陈述进行评分：

1. ( )　我不善于谈判。
2. ( )　我会努力说服对方认同我自己的立场/利益。
3. ( )　我会避免激怒他人。
4. ( )　在作出让步之前，我会努力去了解对方的真正需求。
5. ( )　我喜欢作出发盘和还盘。
6. ( )　我不喜欢作出艰难的决策。
7. ( )　在进行谈判之前，我知道应该期望什么结果，以及如何实现这些结果。
8. ( )　在谈判过程中，我喜欢快速决策，以加快谈判进程。
9. ( )　为了维持关系，我愿意降低自己的期望。
10. ( )　我会鼓励对方与我合作，以寻找可接受的解决方案。
11. ( )　我会避免陷入困境。
12. ( )　我会确保我的谈判力胜过对方，并充分利用这一点使自己获益。
13. ( )　为了推进谈判，我喜欢采取折中态度。
14. ( )　在谈判过程中，我会确保对方感到轻松自在。
15. ( )　与对方共享信息对我来说没有问题。
16. ( )　如果我没有机会获胜，我就不会进行谈判。
17. ( )　如有必要，我会使用威胁手段来实现自己的目标。
18. ( )　我愿意妥协以加快谈判进程。
19. ( )　我会确保对方可以解释其真正需求。
20. ( )　我喜欢与对方探讨创新方法，以实现共同利益最大化。
21. ( )　我会避免承担风险。
22. ( )　为了实现我的目标，我所要求的会多于我所期望的。
23. ( )　我寻求公平交易。
24. ( )　对我来说，个人关系对建设性的谈判至关重要。
25. ( )　我会频繁地总结双方已达成共识的议题。
26. ( )　我不喜欢与不好相处的谈判人员谈生意。
27. ( )　我会试图让对方心有所疑。
28. ( )　对我来说，谈判是一种互惠互让的活动。
29. ( )　我不喜欢为难他人。
30. ( )　当我进行谈判时，我会考虑长期前景。
31. ( )　我会避免卷入争议。
32. ( )　我不愿意提供信息，但是我会努力从对方那里获取尽可能多的信息。
33. ( )　我会寻求折中解决方案来结束谈判。
34. ( )　我会避免纠缠于不重要的细节。
35. ( )　我喜欢与人打交道。

只要有可能，尽量避免给出 3 分，因为该评分无法反映你的真实偏好。此外，记住这里没有正确或错误的答案。仅需要确保你的评分准确描述了你

所偏爱的谈判风格。

接下来，将你对 35 条陈述的评分填在图表 3 - 4 的括号中。图表中的各列标示了你应填入评分的位置。例如，对陈述 1，6，11，16，21，26 和 31 的评分应填入"逃避责任型"那一列。

图表 3 - 4 解释你的得分

请你在完成个人评估表后，将你的评分填在下表的相应位置上。

逃避责任型		不切实际型		讨价还价型		主动竞争型		问题解决型	
陈述	评分	陈述	评分	陈述	评分	陈述	评分	陈述	评分
1	（ ）	3	（ ）	5	（ ）	2	（ ）	4	（ ）
6	（ ）	9	（ ）	8	（ ）	7	（ ）	10	（ ）
11	（ ）	14	（ ）	13	（ ）	12	（ ）	15	（ ）
16	（ ）	19	（ ）	18	（ ）	17	（ ）	20	（ ）
21	（ ）	24	（ ）	23	（ ）	22	（ ）	25	（ ）
26	（ ）	29	（ ）	28	（ ）	27	（ ）	30	（ ）
31	（ ）	35	（ ）	33	（ ）	32	（ ）	34	（ ）
总分		总分		总分		总分		总分	

注：例如，如果你对评估表中第 17 条陈述的评分为 5，则将 5 填在"主动竞争型"那一列中编号 17 旁边的括号中。

总分最高的谈判风格就是你的主导风格。在大多数谈判中，你很可能会混合采用从合作型到竞争型的多种风格。你的主导风格受以下因素的影响：你对关系的重视程度，对方的谈判风格，目标市场上的竞争程度，以及你寻求的是一次性交易还是长期的重复合作。

任何接近最高分（35）的结果都意味着，你在谈判过程中往往过于依赖这种风格。如果你在逃避责任型和不切实际型这两种风格上的得分较低，而在其他风格上的得分较高，那么你就有着良好的谈判基础。在主动竞争型风格上得分高固然很好，但这种风格在某些文化中可能会适得其反。理论上，在问题解决型风格上得分高被认为是实现双赢结果的关键因素。当你想了解谈判对方的风格时，你也可以采用上述方法。

➡ 3.4 小 结

谈判人员必须了解自身的谈判风格，同时也要了解谈判对方的风格，然后根据对方的风格调整自身的风格，以确保谈判顺利进行。

　　谈判风格可以分为五种类型：逃避责任型，不切实际型，讨价还价型，主动竞争型，问题解决型。其中，问题解决型被认为是最好的风格，因为这种风格重视的是满足双方的需求。一般来说，谈判人员可以有两种偏爱的风格：问题解决型和主动竞争型，或问题解决型和不切实际型。

　　谈判人员可以按照本章所介绍的步骤来确定自己的谈判风格。同样的方法也可以用来弄清楚对方的谈判风格。每种风格都会受到以下两个因素之一的影响：任务导向型结果或关系导向型结果。

注释 ////////////////////////////

[1]　Kale (1999), pp. 21–38.

[2]　Weiss (1994), pp. 51–61.

[3]　Herbig and Kramer (2001).

[4]　Gregersen, Morrison, and Black (1998), pp. 21–23.

[5]　Jandt (1985).

[6]　Foster (1992), chap. 8.

[7]　Allred (2000), pp. 387–397.

第 **3** 篇

谈判过程

第4章

谈判前的准备工作

如果不做准备，就准备失败吧。

——本杰明·富兰克林（Benjamin Franklin）

系统的计划与准备是商务谈判获得成功的关键因素，这一点已得到公认。经验丰富的谈判人员在开始谈判前，会花费大量时间做准备工作。一般来说，谈判涉及的交易越复杂，准备阶段所需的时间就越长。国际交易的准备阶段比国内交易更耗时，因为收集所有必要的初步信息更加困难。

商务谈判中的一些常见错误（如图表 4-1 所示）正是准备工作不足所致。如果对准备工作给予了充分重视，其中大部分错误可以避免或大大减少。

图表 4-1　谈判中的常见错误

- 目标不明确
- 对谈判对方的目标了解不足
- 对谈判对方的关注点重视不足
- 对谈判对方的决策过程缺乏了解
- 没有制定让步策略
- 预先准备的替代方案和选择方案太少

续表

- 没有考虑竞争因素
- 对谈判力的运用不熟练
- 草率地计算和决策
- 对结束谈判的时机把握不佳
- 不善于倾听
- 目标太低
- 未能创造附加值
- 时间不充裕
- 过分强调价格的重要性

4.1　关键因素

　　谈判前的准备工作很耗时，要求很高，通常也很复杂。谈判的黄金法则是：没做准备就不要谈判。在谈判前的准备阶段，下列因素被认为是至关重要的，如果没有做好充分准备，可能就会导致不尽如人意的结果。谈判人员在进行谈判前的准备工作时可以遵循以下步骤：

- 确定谈判议题
- 了解己方状况
- 了解对方状况
- 了解竞争状况
- 了解谈判界限
- 制定谈判策略
- 计划谈判会议

4.2　确定谈判议题

　　在谈判前的准备阶段，第一步是确定谈判议题。通常，一场谈判涉及一个或两个主要议题（如价格、佣金、协议期限等）以及一些次要议题。例如，在国外市场选择分销商时，谈判的主要议题是销售佣金、协议期限和独家分销权。其他议题可能包括由代理商提供的促销支持、销售培训、信息流和产品调整。在任何谈判中，谈判人员都可通过以下方式制定完整的议题清单：（1）分析当前情况；（2）借鉴之前在类似情况下的经验；（3）参考对这种情况进行的研究；（4）向专家咨询。

在列出所有议题之后，谈判人员应该按重要性对其进行排序。[1]他们必须首先确定哪些议题是最重要的。因为一旦开始谈判，双方很容易因大量的信息、争论、发盘、还盘、取舍、让步而不知所措。如果一方事先不清楚自己的需求，可能就会失去判断力，因而接受次优解决方案。谈判人员必须确定哪个议题最重要，哪个第二重要，哪个最不重要，也就是按重要性程度将这些议题分成三组。谈判人员应该对涉及有形和无形结果的议题分别进行排序。此外，谈判人员还需要确定这些议题之间是相互关联还是相互独立。如果议题相互独立，则可以很轻松地稍后添加议题或将其暂时搁置。如果议题相互关联，那么对其中一个议题的处理也会影响其他议题。例如，在一个议题上作出让步，会不可避免地牵涉其他议题。在对所有议题进行排序之后，谈判人员应与对方取得联系，以确定对方的议题清单。将双方的清单合并在一起，就可以形成谈判议程的最终议题清单。换句话说，在谈判开始之前，双方应就他们将要商讨的议题达成坚定的共识。[2]双方在谈判议题上不应存在任何分歧。

谈判双方都可以提出自己的议题，对其进行排序，并彼此共享。在谈判前的预备会议上，或者通过电话/传真/电子邮件的沟通方式，双方可以将两份清单合并，以形成一份共同的议题清单。这份合并的清单通常称作谈判清单。

➡ 4.3　了解己方状况

在确定议题之后，商务谈判准备阶段的下一个主要步骤是确定自己的谈判目标，既要清楚地了解自己计划实现的结果，又要认识到自身的优势和劣势。

4.3.1　谈判目标

谈判目标通常是有形的，如价格、收益率、具体条款、合约采用的语言以及惯例包装等。但谈判目标也可以是无形的，如遵循某个先例、捍卫一项原则，或不惜一切代价地达成协议等。例如，汽车零部件制造商的一个无形目标可能是，能够被认可为向主要汽车制造商提供优质产品的可靠供应商。

谈判人员应该明确地制定谈判目标。他们需要列出自己希望在谈判中达成的所有目标，按重要性对这些目标进行排序，确定可能会实现的一系列目标，并评估可能需要在这些目标之间作出的权衡取舍。

谈判目标与谈判议题密切相关，二者共同演变，并相互影响。谈判人员希望通过谈判达成的目标会在很大程度上影响他们在谈判中提出的议题。同样，谈判人员对一个议题的看法也会影响他们想要通过谈判达成的目标。目标与议题是相互作用的，只要确定了其中一个，另一个就会迅速确定。

理解谈判目标如何影响谈判是至关重要的，这种影响表现在以下四个方面[3]：

● 愿望不等于目标。愿望可能与那些能够激发目标的利益或需求有关。愿望只是一种幻想，一种对某事可能发生所抱的希望。但是，目标是人们可以通过计划加以实现的一种具体的、切实可行的结果。

● 一方的目标永远与另一方的目标相关联。双方目标之间的联系决定着双方将要解决的谈判议题。例如，出口商的目标可能是给予分销商较低的销售佣金，但分销商的目标则是获得尽可能高的佣金。因此，谈判议题就是佣金率。那些彼此之间没有联系的目标往往会引起双方的冲突。

● 目标是有界限的。一方的目标会受限于另一方满足该目标的能力。因此，如果目标超出了这一界限，谈判人员就必须改变目标，否则只能结束谈判。换句话说，目标必须是可行的，也就是可以合理实现的。

● 有效的目标必须是具体且可衡量的。目标越不具体，越不可衡量，谈判人员就越难以表达自己想从对方那里得到什么，越难以了解对方的需求，也越难以确定谈判结果是否满足了双方的目标。

4.3.2 优势和劣势

了解己方状况也意味着了解本公司在谈判中的优势和劣势。在分析优势时，谈判人员应该考虑那些真正的优势与那些感知的优势。例如，如果你是一家出口商，来自一个以生产高质量产品而享有国际声誉的国家，那么你就会被认为比其他供应商更具优势。你应该认清自己公司的优势，这样在谈判过程中一旦有需要，你就可以将这些优势摆出来。

　　谈判人员也需要确定其公司的劣势，并尽可能采取纠正措施以弥补缺陷。谈判对方很可能会在谈判的关键时刻将你方的劣势披露出来，以从你方获得最大限度的让步。一些劣势是无法根除的，另一些则可以减少或转化成优势。

　　在与大型企业的采购人员进行谈判时，中小型出口商往往会认为自己处于弱势地位。如果你是代表一家生产能力有限的小型出口企业进行谈判，为了将这一感知劣势转化成一种优势，你可以着重强调以下几点：管理费用低，生产运行具有灵活性，生产线转换效率高，以及愿意接受小额订单。中小型企业往往没有认识到，在不同的商务情境下，它们的许多感知劣势都可以转化成优势。

4.4　了解对方状况

　　了解自己公司的谈判目标固然很重要，但同样重要的是了解对方的谈判目标。这方面的信息通常很难获取，尤其是在从未接触过谈判对方的情况下。谈判人员可能需要对谈判对方的谈判目标、优势和劣势、谈判策略等作出假设。无论作出何种假设，都应在谈判过程中加以核实。通常，谈判人员会试图获取有关对方的以下信息：现有资源、利益和需求，谈判目标，声誉和谈判风格，替代方案，谈判权限，以及谈判战略战术。

4.4.1　现有资源、利益和需求

　　谈判人员应该通过调研收集尽可能多的关于对方现有资源、利益和需求的信息。到底哪些事实和数据有意义，取决于将要进行的谈判类型以及谈判对方是谁。谈判人员可以从对方公司的历史以及对方曾经进行的谈判中获得一些有用的线索，也可以从一些公布的资料、行业协会以及调研机构收集对方的财务数据。对那些了解谈判对方的人进行访谈是谈判人员获取对方信息的另外一种方式。在可行的情况下，还可以通过走访对方公司来获取大量信息。[4]此外，谈判人员还可以通过以下方式了解对方的观点和态度：（1）进行初步访谈或讨论，以探讨对方的谈判目标；（2）对谈判对方的利益作出预期；（3）咨询曾经与对方谈判过的其他企业；（4）研读对方在媒体上对自己的评价。

4.4.2 谈判目标

在确定对方的现有资源、利益和需求之后，谈判人员下一步要做的就是了解对方的谈判目标。就一场特定的谈判而言，确定对方的目标并不容易。要想达到这一目的，谈判人员可以采用的最佳方法是，分析已经收集到的关于对方的所有信息，据此作出适当的假设，并对其目标进行估计。在完成这些基础工作之后，谈判人员就可以直接与对方取得联系，以尽可能多地共享有关彼此观点的信息。由于有关彼此谈判目标的信息对双方的战略制定至关重要，因此专业谈判人员往往愿意在谈判前几天（甚至前几周）交换相关信息或初始发盘。谈判人员应该利用直接从对方那里收集到的信息来进一步确定对方的谈判目标。

4.4.3 声誉和谈判风格

任何谈判人员都想与可靠的对方打交道，因为与这样的人做生意实为一件快事。因此，谈判人员必须收集有关对方的声誉和谈判风格的信息。确定对方声誉和谈判风格的方式有三种：（1）根据自身经验，无论是在相同还是不同的背景下；（2）根据曾经与对方谈判过的其他企业的经验；（3）根据其他机构（特别是商业媒体）对谈判对方的评价。

虽然对方过去的观点和态度有助于谈判人员洞悉其谈判方式，但谈判人员必须考虑到对方管理层可能已经发生的变化，因为这些变化可能会影响即将进行的谈判。此外，人们会随着时间的推移而改变。因此，他们过去的所作所为可能与未来无关。

4.4.4 替代方案

在谈判前的准备过程中，谈判人员必须制订替代方案。一旦谈判失败，这些替代方案可以提供可行的补救措施。同样，谈判人员也必须探究对方的替代方案。如果对方的替代方案具有同等吸引力，他们就会充满信心地进行谈判，设定较高的谈判目标，并全力以赴地去实现这些目标。但是，如果替代方案不够好，对方就会更倾向于达成令人满意的协议，谈判可能会因此变得非常艰难。

4.4.5　谈判权限

在开始谈判之前，谈判人员必须弄清楚，在结束谈判时，对方是否有足够的权限达成协议。如果对方没有这一权限，谈判人员则只能将这次谈判视为一种初步演练活动。

谈判人员应该小心谨慎，不能向那些没有足够谈判权限的人透露太多信息。谈判人员不愿透露敏感信息，因为只有在与那些有谈判权限的人进行谈判时，才应该使用此类信息。

谈判人员应该规划好自己的谈判策略，并时刻牢记双方也许无法达成最终协议。否则，在与那些几乎没有谈判权限的人进行谈判时，谈判人员很可能会感到懊丧和受挫，因为这些人必须就每个议题向总部的上级请示。因此，谈判人员可以事先表明，自己在多大程度上愿意与那些没有适当权限的人进行谈判。

4.4.6　谈判战略战术

对谈判人员来说，了解对方拟采取的谈判战略战术是很有帮助的。谈判对方通常不会直接透露其策略，但谈判人员可以从已经收集到的信息中作出推断。也就是说，对方的声誉、谈判风格、替代方案、谈判权限、谈判目标等信息都有助于谈判人员了解对方的谈判策略。

4.5　了解竞争状况

除了上述考虑因素，了解在特定交易中谁将是竞争对手也很重要。谈判人员在准备商务谈判时往往不太关注竞争的影响。在双方进行商务谈判的过程中，经常会出现一个隐形的第三方，这个由一个或多个竞争对手构成的第三方往往可以对谈判结果产生影响。如图表 4-2 所示，虽然这些竞争对手是隐形的，但他们是这类谈判中的关键人物。

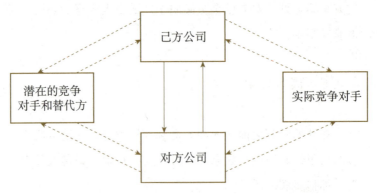

图表 4 - 2　竞争对手：谈判中的第三方

例如，由于被谈判对方告知竞争对手的条件更优惠，供应商因此被要求改进其发盘条件的案例数不胜数。除非谈判人员事先制订好应对此类情况的计划以及解决方案，否则他们可能会发现很难在谈判中达到预期结果。

谈判人员必须对竞争对手的状况进行研究，以确定此类第三方在即将进行的谈判中的相对优势和劣势。与谈判人员的公司相比，某个竞争对手也许能够报出更优惠的条件，但由于该竞争对手目前正在满负荷生产，因此可能无法接受额外的订单。如果谈判人员获知了该信息，就可以拒绝对方提出的改进发盘条件的要求。在收集相关信息时，谈判人员应该弄清楚以下问题：谁是这次交易中的竞争对手？在面对这些竞争对手时，自身的优势和劣势何在？这种竞争状况对己方公司的谈判目标有何影响？

对竞争对手的了解基本上包括以下方面：企业规模、增长状况和利润率；品牌形象和定位；目标和承诺；优势和劣势；当前和过去的策略；成本结构；限制其退出能力的退出障碍；组织风格和文化。谈判人员可以按以下步骤收集关于竞争对手的情报[5]：

● 识别关键的竞争对手。

● 分析每个竞争对手的绩效记录（如销售增长状况、市场份额、利润率等）。

● 研究每个竞争对手对自身绩效的满意程度（如果产品的销售结果符合期望，竞争对手就会感到满意。满意的竞争对手可能会继续采用当前策略，而不满意的竞争对手可能会制定新的策略）。

● 探究每个竞争对手的营销策略（即在产品、价格、促销和分销方面的不同举措）。

- 分析每个竞争对手现有和未来的资源与能力。

4.6　了解谈判界限

准备工作的一个关键部分是对可能需要作出的让步设定界限——作为卖方要设定最低价格，作为买方则要设定最高价格。在谈判前的准备阶段，双方都需要确定各自的谈判界限，超过这一界限就没有理由进行谈判了。例如，作为卖方，基于对产品成本及相关费用的详细核算，你应该了解在哪一价格点上销售将是无利可图的。同样，作为买方，你必须提前确定可接受的最高价格及其他交易条件。这两个价格点之间的区域就是**可达成协议空间**（zone of possible agreement，ZOPA）。通常，谈判人员与对方就是在这一空间内进行让步和还盘。

因此，作为供应商的谈判人员应将初始报价定在自己可接受的最低价格与预期对方（买方）可接受的最高价格之间。重要的是，初始报价必须是可行的、可信的、合理的，这样才能促使对方作出回应。对谈判人员非常有利的初始报价不一定就是合理的，例如，这一报价可能向对方传递了一种负面信息，这会导致对方失去信任并采取更具进攻性的策略。

4.6.1　目标点和保留点

目标点（target point）是指谈判人员最希望实现的结果，即一种理想的解决方案。目标点应基于对情境的实事求是的评估。例如，出口商希望向海外分销商支付尽可能少的销售佣金，但这并不意味着分销商就愿意收取 1% 的微薄佣金来代表出口商销售产品。因此，出口商可以将分销商佣金的目标点设定为 6%，而不是 2%。

保留点（reservation point）是指对谈判人员来说，达成协议与放弃谈判已经没有什么区别的一种结果。谈判的最终结果更多地取决于双方的保留点而不是其目标点之间的关系。确定保留点的方法之一是利用谈判协议的最佳替代方案（BATNA）。

4.6.2　BATNA

术语 BATNA[6] 是指**谈判协议的最佳替代方案**（best alternative to a ne-gotiated agreement，BATNA）。虽然 BATNA 看似简单，但它已经成为一种可供谈判人员使用的强有力的工具。这一概念最初是由费舍尔（Fisher）和尤里（Ury）在合作开展"哈佛大学谈判项目"（Harvard Negotiation Project）的过程中提出的。

BATNA 是评估谈判协议草案的标准。它是保护谈判人员避免接受过于不利的条款以及避免拒绝最为有利的条款的唯一标准。

在某些情况下，由于双方的 BATNA 不重叠，因此没有成交空间。在没有成交空间的情况下，谈判就会陷入僵局。

评估 BATNA 需要遵循以下步骤：

● 通过头脑风暴法制订替代方案。如果海外分销商拒绝接受 6% 的销售佣金，谈判人员就应该通过头脑风暴法制订一些替代方案。替代方案应切合实际，并基于可靠的信息。例如，谈判人员可以考虑通过一家母国公司在海外市场进行分销，一个替代方案是利用互联网打入海外市场，还有一个替代方案是增加海外分销商的佣金。

● 评估每个替代方案。谈判人员应该评估上述每个替代方案的吸引力或价值。如果一个替代方案的结果是不确定的（例如，通过一家母国公司分销的销售额是不确定的），谈判人员就需要预测出现该结果的概率。

4.6.3　谈判空间

谈判空间是指谈判双方各自保留点之间的区域。[7]

谈判空间非常重要，因为它决定了一项协议是否可行，以及是否值得进行谈判。为了确定谈判空间，谈判人员不仅需要知道自己的保留点，而且需要知道谈判对方的保留点。毋庸置疑，确定对方的保留点并不容易。但是，谈判人员必须根据现有信息设法确定对方的保留点，即使只是猜测。

谈判空间既可以是正的，也可以是负的。当双方的保留点有所重叠时，谈判空间为正，这意味着双方有可能达成协议。如果双方未能达成协议，谈判就会陷入僵局，而这种结果是远远不能令人满意的，因为双方皆因未达成协议而面临低于预期的结局。

4.6.4　影响力

影响力在谈判中起着独特的作用。谈判中的影响力可以分为不同类型：报酬影响力、强制影响力、法定影响力、威望影响力以及专家影响力。**报酬影响力**（reward power）是指一个人通过给予或取消报酬来影响他人行为的能力。报酬可以是有形的（比如金钱），也可以是无形的（比如称赞和认可）。**强制影响力**（coercive power）是指一个人通过惩罚来影响他人行为的能力。同样，惩罚可以是有形的（比如罚金），也可以是无形的（比如明褒实贬）。**法定影响力**（legitimate power）是指一个人要求他人服从的权力（比如高级军官要求低级军官服从的权力）。**威望影响力**（referent power）是基于一个人对他人的尊重和钦佩，这可能与后者的职位、财富或地位有关。最后，**专家影响力**（expert power）归因于一个人的知识、技能或能力。

就谈判而言，没有任何一种影响力能够单独起作用。报酬（以及惩罚）影响力的作用通常不太稳定，因为这种影响力需要持续发挥才会起作用。相比之下，地位、吸引力以及专业知识才是会起到更为本质作用的影响力类型。谈判人员的终极影响力是因备有更有利的替代方案而退出谈判的权力。

4.7　制定谈判策略

谈判人员在制定谈判策略时应基于以下信息：己方公司的谈判目标，对谈判对方公司的目标与状况的了解，是否存在竞争对手及其优势何在，以及其他相关信息。谈判人员可以选择的策略有多种，从竞争性策略到合作性策略。他们最终选择的策略可能是二者的结合。

每场谈判的情境各不相同，都需要制定特定的战略和适当的战术。例如，在一些情况下，首先让步的谈判人员被认为处于弱势地位，这会促使对方施加压力以争取更多的让步；但在另一些情况下，较早让步有时被视为一种合作的表现，其目的是希望对方也能合作。

在制定谈判战略以及相应战术时，谈判人员还应考虑双方行为的长期影响。例如，如果你已经与同一个买家做了多年生意，并且对彼此的商务关系总体上感到满意，你就很可能会在与该买家谈判时采取一种合作性策略。这意味着你们双方都愿意共享信息、相互让步，并寻求一种互惠互利的谈判结果。相比之下，缺乏经验的谈判人员通常对短期利益更感兴趣，并经常使用更具竞争性的谈判策略。

4.7.1　竞争性策略与合作性策略

谈判策略大致分为竞争性策略与合作性策略。[8]当谈判所涉及的资源有限时，谈判人员就会采用竞争性策略。制定这种策略的目的是寻求更大份额的资源。

采取竞争性策略的谈判人员需要一开始就提出较高的要求，并给对方留下一种坚定不屈的印象。在这种策略下，谈判人员不会轻易让步，即使作出让步，也是勉强且有限的。采取竞争性策略的谈判人员往往会试图使对方相信，自己不会让步，如果对方希望达成协议就必须作出让步。采取这种策略的谈判人员说话非常有力度，擅长制造威胁以及混乱局面以胁迫对方，从而使对方被动地陷于守势。

在谈判涉及一次性交易以及建立长期关系毫无意义的情况下，竞争性策略很常见。此外，当谈判双方彼此缺乏信任时，他们往往也会采取这种策略。有时，当谈判进行得不顺利或者陷入僵局时，谈判人员也会转而使用竞争性策略。

总的来说，竞争性策略没什么意义，因为这种策略关注的是一次性交易，并且无法在谈判双方之间创造和谐的氛围。这种策略强调的是一赢一输的谈判结果，而不是双方的共同利益最大化。

合作性（或协作性）策略强调的是双赢局面，谈判人员会试图达成双方都满意的交易。采取合作性策略的谈判人员愿意相互合作、共享信息，并竭力理解彼此的观点。合作性谈判强调的就是理解对方的观点，并制定对双方都有利的策略。合作性策略可以促成使共同利益最大化的创造性解决方案，这样双方都能实现高于预期的谈判结果。

4.7.2　谈判策略的选择

在国际商务中，采用合作性策略有利于交易双方的利益，因为这种策略有利于建立良好的商务关系，并且在这种策略下，双方会发现努力达成交易对彼此都有好处。但是，当谈判对方因寻求自身利益最大化而采取竞争性策略时，纯粹的合作性策略可能是不切实际的。因此，将合作性策略与竞争性策略结合起来才是可取的做法（也就是说，在谈判中以合作性策略为主，以实现共同利益最大化，同时采取一些竞争性策略，以获取更大份额的利益）。

此外，谈判人员必须提前制定替代的竞争性策略，以防对方将合作意愿解释为软弱的表现。同样，如果对方变得不可理喻，转而采取更具竞争性的行动以获取更多让步，那么谈判人员可能就需要改变自己的谈判策略。

4.7.3 谈判的其他策略性问题

在谈判开始之前，谈判人员必须确定并分析许多其他策略性问题。这些问题包括设定初始发盘，作出让步，以及提出支持性论据。

设定初始发盘

对任何谈判来说都很重要的一个问题就是设定初始发盘。当谈判人员不太了解对方时，就应该报出一个比较极端的初始发盘。由于最终谈判协议受初始发盘的影响程度要大于对方后续让步的影响程度，尤其是在谈判议题的价值不确定的情况下，因此最好是报出一个对己方极为有利的初始发盘，只要它是合理的。此外，如果这个极端发盘得到了对方的回应，就说明它具有一定的可信度，这会有利于谈判人员控制谈判空间的范围。

在国际商务环境下，谈判人员应根据对方的文化背景来设定自己的初始发盘。在一些文化中，谈判人员会报出极端的初始发盘，以便留出足够的谈判空间。例如，在亚洲、非洲和中东地区，在商业交易中讨价还价是很常见的，因此，谈判人员必须报出对己方极为有利的初始发盘，才能充分地讨价还价。但是，大多数西方国家的谈判人员不太喜欢讨价还价，因此，谈判人员应将初始发盘中的交易条件设定成接近自己愿意接受的水平。

作出让步

商务谈判人员必须事先计划好可能需要作出的让步（如有必要），核算其成本，并确定何时以及如何作出这些让步。成功的谈判人员认为，让步的时机和方式与让步的价值同样重要。例如，方式适当的小幅度让步可以使对方将其视为重大所得。当对方看到你作出这种有价值的让步时，他们就会表现得更加合作，并报以对你更有利的交易条件。

让步的顺序在国际商务谈判中非常重要。例如，在一些文化中，谈判人员在谈判的初期阶段只会作出小幅度让步，甚至不作让步，直到谈判即将结束时才会作出重大让步。但在另一些文化中，双方在谈判的初期阶段就会频繁让步，而在结束阶段则很少让步。因此，谈判人员必须事先计划好一些代价不高但价值很高的让步，以备紧急之需，比如需要进一步让步才能达成交易的情况。当交易接近达成时，许多谈判人员会期待对方在最后一刻作出让步。事实上，在一些国家，这种做法被视为一种合作的表现，也是一种寻求双方共同利益的意愿。

因此，确定可能需要作出的让步是谈判准备工作中的一个关键要素。除了确定哪些让步对谈判很重要，谈判人员还必须评估这些让步的价值，确定作出这些让步的顺序，确定期望对方给予的回报，并计划好何时以及如何作出这些让步。

提出支持性论据

成功完成谈判的一个重要方面是，有能力在事实和数据的适当支持下论证己方的观点，并通过抗辩驳斥对方的观点。这就需要谈判人员从各种来源收集信息并进行分析，以做好事前准备工作。在这一过程中，寻找以下问题的答案会有所帮助：

- 哪些事实信息可以支持和证实你的观点？
- 为了阐述这些事实并对其进行详细说明，应寻求谁的帮助？
- 公共域中有哪些记录、数据库和文件可以支持你的观点？
- 是否有其他人就类似议题进行过谈判？他们成功地使用了哪些主要论据？
- 谈判对方可能提出哪些观点？他们将如何支持这些观点？如何驳斥或支持那些涉及谈判议题和双方利益的观点？
- 如何才能将事实呈现得更具说服力（例如，使用视觉辅助工具、图片、图表以及专家鉴定等）？

4.8　计划谈判会议

在谈判开始之前，谈判人员应计划好各种流程细节，以使会议顺利进行。这些细节包括制定会议议程、选择会议地点、制定会议日程表，以及确定正式介绍的顺序。

4.8.1　制定会议议程

谈判人员应仔细制定每场谈判会议的议程，以决定将讨论哪些议题，以及以何种顺序进行讨论。如果对方也提出了他们的议程，谈判人员则应协调双方的议程，以确保关键议题能够得到充分讨论。

关于议题的讨论顺序，不同谈判人员的意见不一。一些谈判人员建议，应根据解决这些议题的难度来逐一讨论。也就是说，谈判双方从最容易解决的议题开始讨论，随后是第二个议题（解决难度稍大），依此类推，直到最后讨论那个最复杂的议题。通过这种方式，双方可以加强对彼此的信心，这样在讨论到一个复杂议题时，他们已经建立了一种和谐与信任的关系。与这种意见相反，许多谈判人员建议首先解决难度最大的议题，因为他们认为那些不太重要的议题会自行解决，而不需要双方花费太多精力。根据这些谈判人员的观点，这种方式比首先花费时间解决无关紧要的议题更有效。

此外，谈判双方还需决定，是一次讨论一个议题，还是随机地逐一讨论所有议题。从文化上讲，美国人更喜欢"一次讨论一个议题"的方式。但在其他一些国家，所有的议题都是放在一起讨论的。后面这种方式尤其受日本人的青睐。他们会一个接一个地讨论所有议题，但有可能解决不了任何一个。直到会议即将结束，他们才会作出让步，以达成双方都同意的解决方案。[9]西方人（尤其是北美人）对这种无序的讨论方式非常反感，因为他们必须等到最后才能知道一个议题是否已经解决。[10]

4.8.2　选择会议地点

许多谈判人员认为，会议地点会对谈判结果产生影响。因此，谈判人员应该选择一个有助于发挥自身影响力的会议地点。会议地点主要有三种选择：（1）谈判人员所在地；（2）谈判对方所在地；（3）第三地（即中立地点）。[11]

选择自身所在地可以为谈判人员带来一种地域上的优势。从心理上讲，谈判人员在熟悉的环境中会感到更自在，在与来访的谈判对方打交道时，也可以增强自信心。在本土进行谈判时，谈判人员不需要出行，因此会节省费用。同时，谈判人员能够更接近自己的支持体系，即家人、朋友和同事，还可以随时获取任何所需信息。此外，作为东道主接待对方有利于谈判人员增进双方的关系，也有可能使对方变得更加理性。

选择谈判人员所在地可以将谈判对方置于劣势地位。他们远离家乡，可能需要倒时差，还要冒着遭受文化冲击的风险。但对本地的谈判人员来说，所有这些都是有利的。

选择谈判对方所在地也有其优缺点。谈判人员可以亲眼看到对方的实际设施。仅被告知对方有一个大型工厂也许并没有多大意义，因为规模的概念因国家而异。谈判人员还可以接触到对方所有的相关人员，并有机会评估他们与当地商界和政府的关系。当然，在对方所在地谈判时，谈判人员必须长途跋涉到对方国家（这会产生费用），也会遭受时差的困扰，同时还必须在不熟悉的环境中进行谈判。

会议地点的第三种选择是中立地点。例如，日内瓦就可以成为美国与新加坡谈判双方的中立会议地点。但是，如果谈判对方曾经留居此地，并且会说法语，那么此地对谈判人员来说就不再是中立地点。谈判人员通常会轮换会议地点。也就是说，谈判的第一场会议可能在谈判人员所在地举行，而第二场会议则安排在对方所在地。这种做法可以确保任何一方都不会占据地域上的优势。

一项针对与国外供应商打交道的美国专业买家的调查显示，60.5％的买家更喜欢在本地谈判，而喜欢在供应商所在地和中立地点进行谈判的买家分别占6.7％和17.5％。在这些买家中，20.9％的人认为谈判地点会对谈判结果产生显著影响，49.8％的人认为影响程度中等，26.9％的人则认为影响程度微弱。[12]

4.8.3　制定会议日程表

会议日程表是用来为议程上的不同项目分配时间的。日程表必须切实可行且具有灵活性。必须为所有突发事件安排足够的时间。相互介绍可能会比原计划占用更多时间。茶歇时间/午餐时间往往会与原计划不一致。此外，也很难预期谈判各方会提出多少问题，以及回答每个问题需要多少时间。

在许多国家，生活节奏较慢，人们做事情也很悠闲随意。他们往往没有时间上的紧迫感。但是，如果谈判对方来自一个视时间为金钱、认为每分钟都很宝贵的国家，那么他们就会感到郁闷。因此，谈判人员在制定日程表时，不应该将自己的价值观强加进去。

从不同时区长途跋涉而来的谈判对方需要时间放松。谈判人员还应重视对方想要参观文化历史名胜的愿望。无论如何，会议日程表必须具有灵活性，这样谈判双方才能灵活地应对不断变化的情况。

4.8.4　确定正式介绍的顺序

在一些国家，相互介绍的方式非常正式；但在另一些国家，情况则并非如此。例如，在美国和澳大利亚，直呼彼此的名字是广为接受的。但在其他一些国家，人们往往很在意自己的地位和头衔。因此，他们希望以适当的头衔被别人介绍。此外，还有一个礼节性问题，即应该首先介绍谁，接着介绍谁，最后介绍谁。认错人以及念错一个人的名字都是应该避免的社交错误。注意所有这些微小的细节问题是非常重要的。

➡ 4.9　小　结

在任何谈判活动中，仅仅在现场谈判阶段，双方才有机会真正进行接触，但这个阶段只不过是谈判活动整个过程中的冰山一角。最关键的部分其实是谈判前的计划和准备阶段。但是，谈判人员往往会忽视准备阶段，尤其是那些谈判新手。经验丰富的谈判人员都懂得，可以准备得过于充分，但绝不能准备不足。谈判双方各有其优势和劣势，但为了实现目标更加投入、更加努力的那一方才能取得最佳结果。在开始国际谈判之前，做好准备工作可能是商务谈判人员可以作出的最好投资。

谈判前的准备和计划工作包括确定谈判议题、了解己方状况、了解对方状况、了解竞争状况、了解谈判界限、制定谈判策略，以及计划谈判会议。

在这些因素中，最为重要的一个就是了解谈判界限。该因素涉及谈判协议的最佳替代方案（BATNA）的制定。BATNA 也是评估所有谈判协议的标准。

注释 //////////////////////

[1]　Lewicki, Saunders, and Minton (2001), chap. 2.

[2]　Acuff (2008).

[3]　Lewicki et al. (2001).

[4]　Salacuse (1991).

[5]　Jain (2004).

[6]　See Fisher and Ury (1991).

[7]　Thompson (1998). Also see Thompson (2008).

[8]　Kublin (1995).

[9]　Graham (1986), pp. 58–70. Also see Avruch (2004), pp. 330–346.

[10]　Black and Mendenhall (1993), pp. 49–53.

[11]　Hendon, Hendon, and Herbig (1996).

[12]　U.S. Purchasing Professionals (1993).

第5章

启动国际商务谈判：迈出第一步

良好的开端就意味着机会。

——迈克尔·惠勒（Michael Wheeler）

商务谈判的启动方式往往会影响整个谈判过程，从最初的发盘到最终协议的签订。对于双方之间的首次谈判，尤其是在双方的文化背景不同的情况下，谈判的开始阶段更为关键。

全球领域内的商务活动有着长期的发展前景，而人际关系在这一过程中至关重要。富有技巧的谈判人员会营造一种良好的氛围，这种氛围对谈判基调、谈判风格、谈判进程以及最终协议的达成都会产生积极的影响。

第一印象一旦形成，就很难改变，尤其是负面印象。与正面印象相比，人们往往对负面印象有着更迅速、更强烈、更持久的反应。因此，谈判人员在作出初始发盘时需要格外小心。为了实现富有成效的谈判结果，初始发盘应该：（1）强调互惠互利；（2）清晰明确；（3）具有灵活性；（4）能够创造利益；（5）展现出自信；（6）能够促进彼此间的良好意愿。

➡ 5.1 首先发盘

如果谈判人员想要在谈判中占据主动并设定谈判基调，就应该抢先发盘。谈判人员可以通过设定一个参考点或锚定点来首先进行发盘，从而获得战术优势。

谈判人员的锚定点会影响对方的反应。如果对方非常清楚谈判人员的立场，就会要么拒绝该发盘，要么要求谈判人员重新发盘。对方也有可能根据谈判人员的初始发盘修改其接受界限。

这时，谈判人员不应该作出不必要的让步，而应该对初始发盘进行澄清。这种做法的前提是，初始发盘是基于近期市场信息的，是可信的，并且是有说服力的。换句话说，当谈判人员对对方的保留点非常有把握时，首先发盘对谈判人员就是有利的。理想的初始发盘应接近对方的保留点。这样，对方就会认为该发盘是值得认真考虑的，因为它仍然落在谈判空间内。如果对方接受了该发盘，谈判人员就可以获得较大份额的利益。

在大多数国际商务交易中，买方通常处于强势地位，因此卖方往往需要首先发盘。在某些市场中，买方可以主导和控制从谈判开始直到达成最终协议的整个谈判过程。如果谈判人员对其试图进入的市场不熟悉，那么在缺乏足够信息或不清楚对方需求的情况下进行发盘，就会使自己陷入危险境地。例如，如果初始发盘立即被对方接受，这就意味着谈判人员低估了市场形势，中了"赢家的诅咒"。如果谈判人员必须首先发盘，为了免遭"赢家的诅咒"，可以报出非常低或非常高的价格（这取决于谈判人员是买方还是卖方），这样对方就几乎不可能接受该发盘。但这种做法的危险在于，这种不合理的发盘会给对方留下不好的印象，并危及双方的关系。因此，作为一条准则，如果对方掌握着更多信息，谈判人员就不应该首先发盘。

➡ 5.2 初始发盘：高报还是低报

随着谈判的开始，谈判人员面临着一个两难困境：初始发盘应该高报还是低报。如果将发盘高报，谈判人员可能就会失去交易机会。如果将发盘低

报，可能意味着谈判人员放弃了一部分利益，因为在对方看来适度的发盘本
应再高报一些。如果谈判人员对对方的保留点有准确的了解，发盘就可以落
在谈判空间内，以表明一种合作的态度。遗憾的是，在大多数情况下，谈判
人员所掌握的关于对方观点的信息非常有限。因此，"高报还是低报"这一
复杂的问题至今悬而未决。

　　这方面的实证研究显示：与那些将初始发盘报得较低或适度的人相比，
报出极端初始发盘的谈判人员往往能实现更有利的结果。[1]出于以下三个原
因，我们建议将初始发盘高报。第一，谈判人员在无须先作让步的情况下就
可以收集和交换信息。第二，可以向对方传递这样一个信息：谈判过程将非
常耗时，并且对方必须准备好作出比最初预期更多的让步。第三，虽然较高
的初始发盘很可能被对方拒绝，但它会使谈判人员有机会将谈判继续下去。

　　尽管如此，极端的初始发盘也有两个问题。第一，这种发盘可能会立刻
被对方拒绝。第二，这种发盘表现了谈判人员的一种强硬态度，不利于长期
关系的建立。

　　对于谈判对方拒绝这种发盘的任何理由，谈判人员都应该通过问答的方
式解决，而不是通过让步。谈判人员应该弄清楚该发盘中的哪些部分是对方
可接受的，哪些部分是有问题的。然后，谈判人员就可以据此说明其初始发
盘的合理性，或者进行重新发盘。发盘和重新发盘都应该通过谈判人员反复
提问的方式按步骤进行处理（如图表 5-1 所示）。这样，谈判人员就可以在
无须先作让步的情况下收集和交换信息。

　　将初始发盘高报的做法在一些市场中很常见，因为那里的商务谈判人员
往往以得到多少让步为标准来评价其出色的谈判技巧。例如，在拉丁美洲、
非洲和中东地区的许多国家，将初始发盘高报的做法就很常见。但在一些竞
争激烈的市场中，如南亚、北美和北欧地区，初始发盘通常仅仅略高于谈判
底线。

　　采用这种高报策略时，应避免的一个主要错误是：发盘被对方认为报得
过高，因此使谈判陷入僵局。另一个常见错误是：将初始发盘高报，但没有
准备好说明其合理性。为了克服缺乏合理性的问题，谈判人员又错误地立即
开始让步，却没有要求对方让步。

　　富有技巧的谈判人员有时会报出一个接近底线的初始发盘，其目的不是
以低报方式立即达成交易，而是激发对方的谈判兴趣。然后，他们会根据在
谈判过程中收集到的新信息来改进自己的发盘。在某些行业和市场中，产品

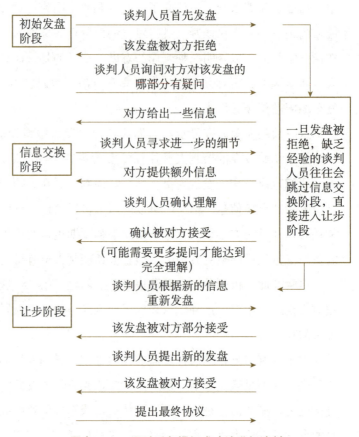

图表 5-1　通过反复提问成功地进行谈判

是以现行价格以及预先确定的条件出售的，这使谈判人员在设定初始发盘时几乎没有选择余地。

在这种情况下，你的发盘必须与竞争对手的发盘基本保持一致。初始发盘接近竞争对手发盘的一个好处是，谈判人员有机会与竞争对手争夺这笔生意。为了增加获得这笔生意的机会，谈判人员在进行发盘时必须考虑谈判对方的具体需求，并说明该发盘如何能够充分满足对方的需求。

如果谈判人员想要进入新市场或者开发新客户，就应该将初始发盘报得接近甚至有时低于底线。在这种情况下，谈判人员必须明确规定发盘的有效期限。例如，出口商可能会在一年的最后一个季度面临产能过剩的问题。在这种情况下，出口商可以在发盘中报出一次性的优惠价格，并限定达成交易的期限，以充分利用过剩的产能，从而弥补固定成本以及部分可变成本。

有时，为了与全球知名企业建立合作关系，谈判人员可能也会将发盘低报。当中小型企业寻求与世界级公司达成商业交易时，这种策略很常见。与大型国际公司合作的有利之处往往会压倒对眼前利益的追求。但是，这种谈判策略从一开始就将谈判人员置于弱势地位，并且经常会导致谈判协议无利可图。为了避免陷入这种局面，谈判人员应将谈判焦点从初始发盘转移到对方的需求上。谈判人员应通过提问主导谈判过程，并确保自己清楚地了解对方的真实需求。一旦准确掌握了对方的需求，谈判人员就可以提出额外的交易条件，比如更好的质量、更快的交货期、独立包装而不是散装、短且灵活的生产周期，以及其他一些能够提高利润率的无形条款。即使采用发盘低报策略，谈判人员仍然可以通过成功地控制谈判达成有利可图的协议。众所周知，专业买家总是能够以尽可能低的价格从知名企业那里获得最优质的产品或服务。最终，这些专业买家往往会支付更高的价格，以避免对方供货质量不符合要求或交货延迟的风险。

有时，中小型企业为了在将来能以更高价格收到大额订单，也会将发盘报得非常低。但是，针对未来合作机会的承诺往往得不到兑现。以低价进行交易谈判，寄希望于从未来订单中弥补利润上的损失，这其实是一种危险的策略。明智的谈判人员会避免采用这种策略，因为它的风险太高。一旦他们抬高价格（无论有没有正当理由），买家就有可能放弃交易，并转向其竞争对手。

5.3　应对拒绝

谈判人员报出初始发盘，但被对方拒绝之后，关于如何应对拒绝的问题就出现了。图表 5-2 总结了在面对面谈判的开始阶段最为常见的拒绝理由，以及适当的应对方式。谈判人员在发盘被拒绝后不应该立即诉诸让步。经验丰富的谈判人员会等待对方提出拒绝发盘的理由。然后，他们会将这些拒绝理由转化为机会，而不是采取防御态度或开始让步。

图表 5-2　初始发盘被拒绝的理由

你方发盘报得太高
- 询问"太高"的含义。
- 查明哪些部分是对方可接受的，以及接受前提是什么。
- 通过提供正当理由来作出回应。
- 在对对方的需求有更多了解之前，避免降价。
- 查明对方的拒绝理由是针对你方报价还是其他因素。
- 问问自己：如果我方发盘报得过高，为什么对方还要与我方谈判？

续表

我方没有这方面的预算
- 查明对方的预算额度及预算期。
- 核实对方是否可以合并一些预算项目，以判断你方发盘是否符合其总体预算。
- 提出延期付款计划。
- 确认订单，但延迟交货，直到对方新的预算分配计划得到确认。
- 将订单拆分为若干小额订单或减少供货数量，以满足对方当前的预算限制。

这不是我方想要的东西
- 询问对方的真实需求以及具体要求。
- 查明对方对你方发盘中的哪些方面最满意。
- 持续提问，直到弄清楚对方的真实需求。
- 根据获取的新信息重新发盘。

你方发盘没有竞争力
- 询问"没有竞争力"的含义。
- 查明竞争对手的发盘与你方发盘是否具有可比性。
- 找出竞争对手发盘的劣势，并强调你方的优势。
- 重新发盘，避免与竞争对手直接比较。强调你方产品/服务的独特性。

资料来源：Claude Cellich, "Business Negotiations: Making the First Offer," *International Trade FORUM*, 2/2000, p. 16.

对方提出拒绝理由通常是为了将谈判人员置于防御地位。通过策略性地处理，谈判人员可以成功地应对这些拒绝，并占据有利地位，从而将谈判引向自己的目标方向。第6章将深入探讨让步。

5.4　对谈判施加影响力

影响力是指谈判人员用来发挥其谈判力为自己谋取有利谈判结果的一些策略。恰尔迪尼（Cialdini）界定了六种不同类型的影响力：互惠、一致性、社会证据、喜好、权威以及稀缺性。[2]

谈判的任何一方都可以利用影响力来为自己谋利。谈判人员应该尝试以一种于己有利的方式影响谈判结果。同时，谈判人员也应该注意对方如何使用影响力。

5.4.1　互惠

互惠原则的含义是：如果一个人向另一个人提供了帮助，则被帮助的人必须给予回报，因为后者觉得有义务这样做。在谈判中，一方经常利用互惠原则来寻求另一方的让步。如果谈判对方曾经为谈判人员做过一些事情，谈判人员就会觉得有义务向对方让步。对方也会委婉地提醒谈判人员：你还欠我让步。

在谈判中，互惠原则基本上没有不合理或不合逻辑的地方。但是，谈判人员应该注意，不要因互惠原则而作出太多让步。换句话说，谈判人员不希望为对方牺牲自己的利益，也不希望被对方利用。谈判人员必须权衡一下：对方为自己做过什么，以及自己可以给予对方什么回报。除此之外，不应作出任何额外让步。应避免的一种情况是：由于对方承诺会在未来交易中作出让步，因此谈判人员在当前交易中就让步了。遗憾的是，曾经得到的让步往往很容易被对方忘却，而有关未来交易的承诺总是难以兑现。

5.4.2　一致性

从心理上讲，人们喜欢保持行为上的一致性，因为前后不一致往往是不理智的表现。[3]

根据一致性原则，谈判人员不应该接受那些自己不能或不想遵循的协议条款。例如，一家出口商正在与海外分销商就销售佣金问题进行谈判。该分销商同意接受出口商的协议条款，但条件是出口商必须对将要装运的产品进行调整。出口商没有仔细考虑后果就接受了产品调整的要求，谈判也因此成功地完成了。事到如今，为了保持一致性，出口商必须履行其调整产品的承诺，即使其成本会远远超出预期。使该出口商按照协议条款进行产品调整的影响力正是一致性原则。

5.4.3　社会证据

人们经常会根据在类似情况下他人曾经做出或可能做出的行为来将自己的行为合理化。在商务谈判中，对方可能会利用社会证据原则来要求谈判人员让步。例如，海外分销商可能会以其代理的其他外国公司为例，要求出口商支付瑕疵产品的退货运费。分销商会将其他公司的行为作为证据，说服出口商相信，承担退货运费就是出口商的责任。如果出口商获得的信息显示分销商所言不实，那么出口商能够推翻对方提出的社会证据的唯一方法就是索要证据。如果出口商了解到的行业惯例显示，退货运费通常由分销商承担，那么出口商也需要取得相关证据来支持这种说法。然后，出口商就可以提交自己的社会证据，并以此驳斥分销商的有关言论。

5.4.4　喜好

一般来说，人们更容易与自己喜欢的人达成共识。谈判人员也更有可能向那些自己喜欢的谈判对方作出让步。因此，谈判对方可以采取措施使谈判人员喜欢自己，这会促使谈判人员作出其想要的让步。

谈判人员也可以利用喜好原则，通过使对方喜欢自己来为自己谋利。这一目的可以通过各种有形和无形的方式来实现。例如，谈判人员可以向对方赠送礼物，或者赞美对方的国家，比如说，"贵国历史悠久，文化底蕴深厚"。一旦谈判人员营造了一种对方喜欢自己的氛围，就会发现更容易在谈判中寻求对方的让步。精明的谈判人员会想方设法让自己变得可爱、幽默、博学、友好，从而使谈判对方喜欢自己。[4]这样，当谈判开始时，对方就会认为自己正在与一个才华横溢的朋友打交道。谈判人员就是以这种于己有利的方式影响了对方的行为。

5.4.5　权威

从行为上讲，人们往往会接受他们认为在某个领域具有权威性的人的意见、观点和建议。人们生病时会接受医生的建议，因为大家都认为医生是健康问题方面的权威。类似地，在谈判中，如果谈判人员被对方视为权威，对方就会不加质疑地接受谈判人员的发盘。

因此，重要的是，被指派代表公司谈判的人必须要有能力，熟知情况的细节，并能表现出自己的权威性。缺乏必要权威的弱者可能会过早屈服，向对方作出不必要的让步。

在谈判中，权威还有另一种内涵。它关涉到谈判人员代表其组织敲定最终协议的权限。如果谈判人员没有权力敲定交易，就会被对方视为中间人，对方也会因此不太愿意达成交易。例如，如果对方正在寻求让步，而谈判人员无权让步，那么对方可能就会结束谈判。因为在对方看来，该谈判人员没有可信性。因此，任何负责谈判的人都必须被赋予足够的权限。

5.4.6　稀缺性

寻求稀缺的、很难获得的或需求量很大的东西，一直是人类的本性。这种倾向在商务谈判中也有所体现。根据稀缺性原则，谈判人员应该在发盘时尽力强调产品不同属性方面的稀缺性，这样才能激发对方的需求。谈判人员可以将这些属性纳入初始发盘，但要有所保留，以强调这些属性实难提供。

如果谈判人员将一些属性描述得非常稀缺，对方就会不惜一切代价获取这些属性。随着谈判的推进，谈判人员可以看似勉为其难地同意提供这些属性。这样的让步会得到对方的高度重视，谈判人员也会因此得到对方更多的让步。

➡ 5.5　常见问题

谈判人员经常会面临许多很难解决的问题。他们必须根据所处环境自行解决这些问题。以下是解决这些问题的一些基本准则。[5]

5.5.1　可否共享有关保留价格的信息

第 4 章讨论了可达成协议空间（zone of possible agreement，ZOPA）这一术语，即谈判双方各自保留点之间的区域，双方可达成共识的最终价格也会落在该区域内。双方都想寻求能使自己获利尽可能大的最终价格，并会为此进行谈判。如果一方透露了自己的保留点，就等于加强了对方的谈判力。因此，与对方共享有关自己保留点的信息是不明智的做法。

一些谈判人员认为，如果双方相互信任并公开各自的保留点，谈判就会变得更容易。双方可以进而协商，以一种合理的方式分享利益。但是，谈判中的问题不在于信任，而在于策略。双方谈判策略的目标都是利益最大化。因此，信任对方只会引起冲突。

5.5.2　可否就保留点撒谎

就自己的保留点向对方撒谎是得不偿失的，原因如下。第一，这会缩小可达成协议空间，从而使双方都很难作出让步。谈判可能就会以僵局告终。第二，撒谎会对谈判人员在市场上的声誉造成负面影响。人们经常一起谈论各自的谈判经历，一旦提及一个不诚实的谈判人员，他就会给所有人留下不可靠的印象。记住，好事不出门，坏事传千里。

5.5.3　识破谎言

谈判人员必须确保对方不是在撒谎。在谈判中可以采用三种策略来识破对方的谎言。第一，检验对方陈述的一致性。双方往往会在谈判中相互提出各种问题。谈判人员需要注意对方的回答中是否存在任何不一致之处。当然，这些问题必须经过精心设计，这样对方在撒谎时才会体现出不一致性。第二，采用多渠道策略，丰富沟通方式。例如，如果谈判人员怀疑对方在撒谎，而谈判人员此前一直以电话、信函或电子邮件方式与对方沟通，那么谈判人员就应该邀请对方进行一次面对面的会谈。这是因为在通过不同渠道与人沟通时，撒谎者很难自我监控。谎言通常会在非语言沟通中露出痕迹，比如手势和眼神交流。第三，要求对方提供有形证据来支持其言论。

5.5.4　可否打探对方的保留点

出于前文所述的原因，谈判人员不应透露己方的保留点，同时也不应打探对方的保留点，因为这样做往往会适得其反。对方可能会因此失去对你的尊重并退出谈判。坦白地讲，对谈判人员来说，在不愿透露己方保留点的同时打探对方的保留点是不符合商业道德的。

5.5.5　选择强硬还是软弱的谈判态度

强硬的谈判人员往往不够变通，要求很多，让步很少，坚持己见。他们非常固执，会毫不犹豫地放弃可能会带来丰厚回报的谈判。软弱的谈判人员则会透露自己的保留点，作出过多慷慨的让步，并总是试图取悦对方。

就国际谈判而言，无论是强硬态度还是软弱态度，都无法很有效地发挥作用。成功谈判的最佳方法是策略创新。这种方法提倡的是采用适当的策略，通过共享信息、作出选择性让步以及建立持久关系，来寻求在可达成协议空间内获取更大份额的利益。

5.5.6　能否进行公平交易

从概念上讲，进行公平交易对谈判双方都是有吸引力的。谈判能够迅速完成，双方最终也都能获利。遗憾的是，在实践中，这种理想的方式未必行得通。首先，很难界定什么是公平的，什么是不公平的。"公平"的概念是模糊的，它会因人而异。因此，即使在谈判双方看来，他们都在进行公平交易，但他们可接受的交易条件可能相去甚远。此外，虽然双方都希望达成公平的结果，但他们对如何实现公平的想法可能会有所不同。因此，谈判不能仅仅基于公平进行。

5.5.7　何时作出最终发盘

谈判人员不应该急于作出最终发盘，即一种不可撤销的承诺，除非已经做好充分准备。当谈判人员达到了可以轻松退出谈判的地步，也只有这时，谈判人员才应该作出最终发盘。当谈判人员的 BATNA 是一种更具吸引力的选择时，这种情况就会发生。

5.5.8　买卖双方应考虑的要点

图表 5-3 提供了买卖双方在谈判时应考虑的一些要点。

图表 5-3　买卖双方应考虑的要点

买方	卖方
时刻牢记谈判目标	探究买方的谈判目标
准备好拒绝并要求卖方重新发盘	弄清楚买方拒绝发盘的理由
提及来自卖方竞争对手的更优惠的发盘	创造增加值/强调稀缺性
寻求让步	提出有形和无形的利益
坚持要求卖方作出更优惠的发盘	更改价格并提出一系列新的发盘条件/重新发盘
核实最新发盘可否满足最初目标/需要	确保交易可行、有利可图、可持续

➡️ 5.6 小　结

对于每一次谈判，谈判人员都应基于当前谈判背景以及自身利益作出初始发盘。以虚假的借口或者在毫无根据的前提下进入谈判，可能会导致高昂的代价或谈判僵局。谈判人员必须想方设法使初始发盘在对方看来具有竞争力，并准备好有效的证据来支持它。

最坏的情况是，在初始发盘被拒绝后立即作出让步。缺乏技巧或毫无准备的谈判人员经常会在商务交易中面临这种两难困境。提出问题、积极倾听、保持耐心对应对这种局面大有帮助。谈判人员应在与对方会面之前，对对方可能提出的典型拒绝理由有所预期，提前准备好适当的回答，并设计一些旨在寻求信息的问题。

在这一关键的谈判开始阶段，对市场的了解，对竞争对手的充分评估，以及对谈判对方真实需求的了解都会对谈判人员大有帮助。由于初始发盘会影响谈判结果，因此谈判人员从一开始就给对方留下良好印象的能力是至关重要的。谈判人员可能再也没有机会给对方留下良好的第一印象。

为了实现更好的谈判结果，最好将初始发盘报得略高一些，但如果谈判人员面对的是竞争激烈的市场环境，就应该调低初始发盘。在更传统、竞争不那么激烈的市场中，初始发盘应该报高一些，以留出足够的让步空间。

初始发盘应该展现出谈判人员的自信，具有说服力，但也要具有灵活性。关键不在于让对方接受或拒绝你的发盘，也不在于成为首先发盘的一方，而在于以强势地位开始谈判，并对谈判过程保持控制。只有通过一系列有效的提问，谈判人员才能了解对方的真实需求，进而针对对方的具体需求重新发盘。

双方应将谈判的开始阶段视为一个营造信任氛围的机会，从而进行战略信息交换。在这一阶段，不宜开始作出让步。某些公司的谈判人员认为这一开始阶段是浪费时间，并立即开始让步。但成功的谈判人员经验更丰富，他们会花时间弄清楚对方的真实需求，并确定如何以对方可接受的一系列发盘条件来最好地满足对方的这些需求。换句话说，谈判人员的初始发盘应该反映出最佳的谈判结果，并有充分的证据支持。

注释　//////////////////////

[1] Lewicki, Saunders, and Minton (2001), pp. 67–68.

[2] Cialdini (1993).

[3] Eyuboglu and Buja (1993), pp. 47–65.

[4] O'Quin and Aronoff (2005), pp. 349–357.

[5] Thompson (1998), pp. 38–42.

第6章

让　步

谈判的艺术在于知道如何、为何、在何处、对何人以及何时让步。

——杰勒德·尼伦伯格（Gerald Nierenberg）

亨利·卡莱罗（Henry Calero）

让步是谈判过程中的基本要素。当谈判双方有不同的利益、当务之急和目标时，他们就有可能作出让步。事实上，在那些谈判已成为日常生活一部分的文化中，让步的作用更为重要。在这些文化中，为了达成协议，谈判人员往往会不惜花费大量时间来回让步。作为任何谈判的重要组成部分，谈判人员必须事先准备好愿意作出什么样的让步，以及希望对方回报什么样的让步。互惠是必须的。此外，在作出让步后，立即要求对方回报让步是很重要的，因为它的价值会随着时间的推移而下降。让步就是用等值或超值的重新发盘来替换原发盘。理想情况下，最好用己方的低价值让步来换取对方在更重要议题上的让步。

让步的最佳策略是将其表述为条件疑问句或假设疑问句。例如，想要作出让步的谈判人员可以说："如果我方提前一周交货，贵公司能承担额外费用吗？"或者："如果我方公司同意调整产品以满足你方对规格的要求，你方同意将合同从一年延长至三年吗？"这类问题往往会促使对方作出让步。如果对方不接受，双方可以在进一步让步之前弄清楚对方拒绝的理由，然后继续谈判。为了使让步被对方接受，谈判人员可以强调让步的好处以及它如何满足对方的利益，以创造让步的价值。

6.1 制定让步策略

作出让步需要进行充分的准备。在谈判的准备和计划阶段，每个谈判人员都会制定一份清单，列出可能需要作出的让步、他们各自的当务之急，以及哪些议题是可协商的，哪些议题是不可协商的。然后，根据关键议题的重要性从高到低对这些让步进行排序，或者将其分为三类：必须作出的让步，最好作出的让步，以及需要权衡的让步。潜在让步的清单越全面，相互让步能够满足双方需求的机会就越大。此外，谈判人员还需要确定希望对方回报哪些让步，以及这些让步对对方有多重要。

在交易导向型文化中，讨价还价被视为谈判的重要部分。与这种文化相比，在关系导向型文化中进行谈判时，明智的做法是准备更多的让步。在任何文化中进行谈判，都最好保留一些涉及有形和无形利益的让步，以防发盘在最后一刻被拒绝。采取竞争策略的谈判人员往往在谈判一开始就要求对方作出有损于对方的重大让步。由于缺乏重要信息的共享，这种方法无法将双方可获得的利益最大化。为了克制这种行为，谈判人员应该通过提问收集信息，而不是立即让步，直到双方完全了解各自的利益。制定明确的让步策略需要两个步骤：确定让步和交换信息。

6.1.1 确定让步

确定让步包括以下步骤：

1. 确定可能需要作出的让步（有形的和无形的）。

2. 评估让步的价值，并按重要性排序。

3. 确定哪些让步是不可协商的。

4. 确定希望对方作出哪些让步。

5. 将潜在让步分为三类：必须作出的让步，最好作出的让步，以及需要权衡的让步。

6. 如果需要，准备一些小幅度的让步，以开始或重新开始相互让步。

7. 为每个让步提出有效证据，或者说明每个让步的好处，以提高其价值。

8. 保留一些潜在让步，以防发盘在最后一刻被拒绝。

为了优化让步的作用，以低价值让步换取高价值让步是至关重要的。为了达到这一目的，双方必须乐于采取合作策略以共享信息，从而创造一种解决问题的环境。通过共享信息，每个谈判人员都能够确定对方的潜在需求、目标、对不同议题的重视程度，以及哪些让步是不可协商的。如果一方表示某些让步是不可协商的，另一方谈判人员就需要弄清楚这些让步是不是真的不可协商并找出不可协商的原因，或者查明这是不是对方寻求更多让步的一种策略。一旦谈判人员了解了对方的真实需求、制约因素和关注点，就可以开始让步。通常，这种解决问题的方法需要一方或双方跳出框框去思考（将蛋糕做得更大），从而创造额外的价值和选择。除了确定潜在让步，各方还应该评估这些让步各自的价值。

让步可以分为硬价值利益（可度量）让步和软价值利益（难以度量）让步。例如，硬价值让步涉及价格、费用、交货日期、罚金、支付条款、质量标准等。对软价值让步的解释因人而异。例如，软价值让步涉及延长保修期、免费培训、延长合同期限、样品、灵活的付款方式、信任、声誉、满意度、推荐、维持商业关系、公司声望等。硬价值让步和软价值让步也分别称作有形让步和无形让步。在关系导向型文化中，无形利益非常受重视，并在达成协议的过程中起着重要作用。在国际商务谈判中，为了提高达成交易的机会，谈判人员既会强调有形利益，也会强调无形利益。软价值让步对于打破谈判僵局、使谈判重回正轨或促使对方达成协议都是非常有用的。这些软让步的主要优点是，虽然很受重视，但其成本很低。毕竟，信任、尊重和声誉都是无价之宝。

通过同时考虑软让步和硬让步，谈判人员可以将谈判焦点从价格议题上转移开，尤其是在谈判的开始阶段。在大多数谈判中，价格是一个重要且敏感的议题，它通常是谈判的焦点，这导致其他关键要素往往会被忽视。例如，在企业之间的谈判中，在达成交易时，专业买家会优先考虑非价格问题，他们更重视对方公司的财务稳定性、运营管理、绩效记录、按时交货的能力、满足质量标准的能力、生产成本、应对变化的灵活性，以及最近开始受到关注的，其管理层是否采用了企业社会责任标准。除了考虑非价格问题，国际商务谈判人员还具有长远的眼光，并且会采取一种执行型思维模

式，以确保协议可行、有利可图、可持续。

6.1.2　交换信息

在任何谈判中，重大让步都是在交换相关信息之后作出的。只有在双方了解了彼此的潜在需求、当务之急和关注点之后，他们才会作出重要让步。但是，在谈判的开始阶段，他们仅仅会相互作出一些小幅度的让步，以鼓励对方共享信息，并创造一种解决问题的环境。通常，最重要的让步都是在谈判即将结束时作出的，因为这时谈判临近截止期限，接近底线，或者双方都期望成交。根据 80/20 法则，80% 的重大让步是在剩余的 20% 谈判时间内作出的。[1]当来自"单任务"导向型文化（将时间视为稀缺商品，不容浪费）的谈判人员在"多任务"导向型文化中进行谈判并作出让步时，这一点尤为突出。

为了避免作出不必要的让步，明智的做法是聚焦于关键议题，以有效地管理可用时间。只要有可能，谈判人员可以要求延长谈判时间，安排另一次会议，或暂时推迟谈判，以避免在时间限制下仓促作出决策。

在关系导向型文化中，谈判人员倾向于晚让步，因为这可以表明他们是多么成功。但在交易导向型文化中，通常只有专业买家才会较晚让步，因为这可以体现他们卓越的谈判技能，从而提升他们的职业前景。大多数谈判人员往往将精力集中在单个让步的成本上，而忽视了整个交易的总成本。

通过采用合作性谈判策略，采购经理和供应商可以重新设计产品，改变产品规格，以及降低服务或维修费用，以降低交易的总成本。通常，这适用于更为复杂的商业交易，尽管它在日常谈判中也很有用。下面的例子阐述了两家公司是如何通过采取合作策略、交换信息以及放远眼光来拒绝降价要求的。[2]

下面的例子表明，通过合作、共享信息，以及采用创造性的问题解决方法和执行型思维模式，双方通过增加谈判议题的数量都获得了更大的利益。

由于来自外国供应商的竞争日益激烈，一家打算采购办公楼石膏板的建筑公司要求其长期供应商降低价格。石膏板的目前价格在每块 3.80～4.15 美元之间。建筑公司希望将价格降至 3.40 美元。在审度了其成本结构后，供应商要求与建筑公司的代表开会讨论这个问题，因为它无法满足这一降价要求。

　　两家公司都希望继续合作，但由于来自外国供应商的竞争加剧，石膏板的成本必须降低。供应商提议查看一下这些石膏板从离开制造工厂到最终在施工现场完成安装的总成本。目前，这家建筑公司的总成本为 22.50 美元。换句话说，石膏板的成本仅占总成本的 16.9%。这一发现符合 80/20 法则，即对于 80% 的产品来说，其总成本都包含 20% 的材料费用。石膏板的其他成本包括包装、运输、装卸和安装等费用。

　　对该过程的每个阶段进行的审查显示，40% 的石膏板在安装过程中损坏，需要两名安装工人，并且运输成本高昂。鉴于这些发现，供应商研发了一种更小的石膏板（尺寸仅为现有石膏板的一半），这种石膏板更容易包装和运输，并且只需要一名安装工人。此外，它可以减少受损石膏板的数量，并缩短安装时间。建筑公司认为这个建议很有吸引力，因为它可以大幅度降低成本。新石膏板的总成本降为 16.25 美元，节省了 6.25 美元。

➡ 6.2　谈判中的灵活性

　　在收集到足够的信息后，谈判人员就可以重新发盘了。重新发盘时，既可以坚持初始发盘，也可以作出一些让步。坚持初始发盘意味着立场坚定，但这种态度不会起多大作用，也有可能导致谈判破裂，因为谈判人员看起来已经占据了大部分的谈判空间。谈判对方可能也会采取类似的坚决态度作为回应。结果，双方可能都会大失所望，并彻底退出谈判。[3]

　　还有一种选择是采取灵活的态度，建立一种合作关系而不是针锋相对的关系。[4]这表明谈判仍有回旋余地，可以继续进行。

　　让步是谈判的重要组成部分。研究表明，如果协议的达成经过一系列让步，则双方都会对协议更加满意。作出让步表明承认对方的需求，并试图至少部分满足这种需求。[5]谈判中的灵活性可以体现在三个方面：互惠、让步程度和让步模式。

6.2.1　互惠

　　让步的一个重要方面是互惠。如果谈判人员作出一个让步，就会期望对方也给予让步。事实上，谈判人员有时会通过有条件的让步来寻求互惠。例如，如果你为我做 X 和 Y，我将为你做 A 和 B。[6]

6.2.2　让步程度

让步的程度也很重要。在谈判的开始阶段，虽然重大让步是可行的，但随着越来越接近自己的保留点，谈判人员往往只能作出越来越小的让步。假设一家供应商正在与代理商就产品价格进行谈判，并且供应商的首次报价比对方的目标价格低 100 美元。因此，一个 10 美元的让步将使谈判空间缩小 10%。当谈判人员的报价与对方的目标价格相差 10 美元时，1 美元的让步就等于放弃了 10% 的剩余谈判空间。这个例子说明了对方可能会如何解释让步程度的含义。

6.2.3　让步模式

谈判人员在相互让步时有多种让步模式可以选择。让步模式的选择取决于多个因素，包括双方之间的现有关系、他们的首选谈判风格、竞争程度、文化因素、是一次性交易还是重复合作等。谈判人员在制订让步计划时，可以选择多达八种不同的模式。图表 6-1 所示的例子描述了每一种模式。在本例中，经过 5 轮谈判，让步金额总计 1 000 美元。

图表 6-1　选择让步模式的例子　　　　　　　　　单位：美元

	让步模式							
	一	二	三	四	五	六	七	八
第 1 轮		200	400	50	1 000	300	25	150
第 2 轮		200	300	100		100	50	150
第 3 轮		200	150	150		200	125	350
第 4 轮		200	100	300		250	450	250
第 5 轮	1 000	200	50	400		150	350	200

模式一

采用这种模式的谈判人员从一开始就拒绝作出任何让步，直到最后一刻才会作出一个重大让步。一般来说，这种方法很可能导致谈判破裂，因为对方可能会退出谈判。此外，由于前 4 轮谈判没有取得任何进展，对方无法进行还盘。在截止期限前作出重大让步可能会促使对方索要更多让步。最好避免采用这种模式，应从一开始就促进信息交换，以使双方都能陆续作出较小的让步。

模式二

这种模式很容易识别，因为每个让步都是等值的。它的一个变体是按一定的百分比逐个降低让步的幅度。例如，第 1 轮让步降低 10％，第 2 轮降低 8％，第 3 轮降低 6％，依此类推。但是，经过几轮之后，对方就会觉察出这种模式，并将不断地要求更多让步，因为他们能够预知会发生什么。缺乏经验的谈判人员可能会采用这种模式，但它可以被对方预见，因此不建议采用。

模式三

采用这种模式的谈判人员可以通过逐个降低让步的价值，向对方发出一个清晰的信号：底线越来越近了。在作出让步时，谈判人员不仅要确保让步的价值是递减的，还要确保对方必须付出更大的努力才能获得额外让步。只要谈判人员仔细制订让步计划，这种模式是迄今为止最有效的。

模式四

采用这种模式的谈判人员会逐个提高让步的价值。对方很快就会意识到发生了什么。这种模式会促使对方不断要求越来越多的让步。虽然一些谈判人员出于特定原因（如在谈判中处于弱势地位，面对竞争压力，或者想要不惜一切代价达成交易）可能会喜欢采用这种模式，但这种模式仍然应该避免。

模式五

谈判人员在谈判开始时就会作出一个重大让步，然后在后续谈判中拒绝再作出任何让步。因为无法实现互惠，这种模式可能会打消对方继续谈判的念头，并最终导致谈判结束。谈判人员最好避免采用这种模式，因为它不利于双赢结果的产生。在特殊情况下，谈判人员可能会采用这种模式。例如，由于时间紧迫，他们希望将谈判压缩为一轮；或者一方认为自己处于强势地位，因此在一开始就强硬地提出自己的条件，没有留下继续谈判的余地。

模式六

谈判人员采用这种模式的原因有两个：要么是想要迷惑对方，要么是没有制定明确的让步策略。它可能是一种有效的策略，然而，它带来的不便之处大于它的好处。例如，在模式变得清晰之前，对方将不知道如何给予回报，也可能不愿意交换信息或作出让步。当谈判人员不确定自己的需求或正在试探对方的意图时，他们就可以采用这种模式。这种模式可能表明，利益发生了变化，在谈判过程中获得了新信息，出现了意料之外的竞争对手等。在某些情况下，这种模式可以实现互惠互利的结果。

模式七

采用这种模式的谈判人员会在谈判开始时作出一些较小的让步，以建立势头并促进互惠。然后，他们会在谈判的中期作出重大让步，并在谈判即将结束时再作出较小的让步，这预示着该结束谈判了。这种模式符合 80/20 法则，即 80％的让步是在剩余的 20％谈判时间内作出的。[7]一般来说，在制定让步策略时，这种模式和模式三是最有效的。

模式八

谈判人员有时会作出超出底线的让步。出现这种情况的原因是，谈判人员被谈判动态冲昏了头脑，需要保住面子或满足自尊，或者即使有所损失也要达成协议。通过将已经作出的让步记录下来，谈判人员可以对自身的处境有一个大致的了解，并评估他们离底线有多近。在某些情况下，谈判人员会接受低于底线的交易，因为他们期望在未来合作中挽回损失，或者因为他们没有正确评估其 BATNA。通常，这种模式可能会导致重新谈判、一次性交易、协议履行阶段的困难、信誉丧失等。鉴于低于底线的发盘被对方接受可能造成的负面后果，明智的谈判人员会在作出最终发盘之前花时间审度所有的让步。

在涉及许多议题的大型谈判中，记录双方的发盘、还盘和让步是至关重要的。鉴于谈判追踪的困难性，这项任务应该分配给团队内的特定成员。谈判日志对监控谈判进程是最有用的，因为它列出了哪些让步已被作出，由谁作出，在什么情况下作出，上一次让步已作出多长时间，以及这些让步的价值如何。谈判日志还可以表明，哪一方更为积极主动，哪一方作出了更多让步，这些让步的价值更小、相等还是更大，以及还需要解决哪些遗留议题。谈判人员需要经常查看谈判日志（在谈判的休息时段或在当天的谈判结束后），以便在必要时通过改变战略战术来重新调整谈判方向。对于不太复杂的谈判来说，简化的日志同样有用，因为它使双方能够评估各自的谈判进展。最后，回顾彼此作出的让步有助于识别让步模式，以及评估双方接近各自底线的程度。

对所记录的信息的分析有助于了解目前已完成的工作，还可以回答以下问题：

- 哪一方作出了更多让步？
- 这些让步的价值更小、相等还是更大？
- 双方花了多长时间才开始相互让步？
- 正在作出的让步是否存在某种模式？
- 还需要为让步提供哪些证据才能达成协议？
- 在谈判结束前还有哪些让步没有作出？
- 在谈判截止期限前还有哪些遗留的关键议题需要讨论？
- 是否达到了底线？

6.3　让步的最佳实践

由于相互让步是谈判的核心，因此谈判人员必须了解应避免的典型错误、需要应对的拒绝理由，以及消除威胁的技巧。我们制定了一份关于让步最佳实践的清单，并将其分为两类："应该做的"和"不应该做的"（见图表6-2）。

图表6-2　让步的最佳实践

应该做的
- 事先制订让步计划。
- 专注于对方的潜在利益。
- 提供足够的谈判空间，尤其是在要求极其苛刻的文化中。
- 保留一些让步，以备在达成交易时使用。
- 尽早作出较小的让步，以鼓励对方共享信息并促进互惠。

续表

- 在作出让步后，坚持要求对方立即给予回报（对未来的承诺会随着时间的推移而失去价值）。
- 确定让步的真实价值，以及对方愿意为此付出什么代价。
- 记住，80％的让步是在剩余的 20％谈判时间内作出的。
- 使对方必须付出努力才能得到让步，以获得对方的重视，并鼓励对方慷慨地给予回报。
- 为每个让步提供有效证据，或者说明每个让步的好处，以提高其价值。
- 保留一些价值较低的让步，以便在截止期限临近时作出。
- 保留一些无形让步，包括那些用于打破僵局或达成交易的象征性让步。
- 观察对方的肢体语言，以发现隐藏的动机。
- 考虑到谈判人员的让步方式因文化背景而异。
- 注意你的让步方式，因为它与你的让步内容一样重要。
- 逐个降低让步的价值，并确保对方必须花费越来越多的时间和努力才能获得额外让步。
- 聚焦于关键议题，以有效地管理时间。
- 了解竞争对手，以拒绝作出不必要的让步。
- 警惕错误的让步。
- 建立信任，否则难以实现互惠。

不应该做的
- 混淆成本与价值。
- 过于轻易地接受让步。
- 在关键议题上首先让步。
- 在谈判中过早作出重大让步，因为这会促使对方要求更多让步。
- 在时间压力下作出重大让步。
- 在接受让步时表现得过于热情（赢家的诅咒）。
- 因对方对未来合作的承诺而作出高价值的让步。
- 假设对方评估让步价值的方式与你一样。
- 假设对方有相似的当务之急、需求、目标和动机。
- 在作出让步之前没有创造让步的价值。
- 作出对底线有负面影响的让步。
- 在创造价值之前就声称让步具有价值。
- 在拒绝让步时表现得傲慢。
- 采取一种很容易被对方识别的让步策略。
- 在时间压力下仓促作出决策。
- 向对方透露信息，但没有要求对方给予回报。
- 进行于己不利的谈判。
- 急于让步以使对方满意。

➡ 6.4 小 结

让步对达成交易很有价值。但是，不应该作出没有准备的让步。在没有准备的情况下急于让步不意味着良好的意图，相反，它会表明你方处于弱势地位。优秀的谈判人员会首先确定可以作出的让步，并在让步之前与对方交换信息，以了解其需求、当务之急和关注点。

在作出让步时，应该采取灵活的态度，因为这有助于建立合作关系。让步的灵活性体现在三个方面：互惠、让步程度和让步模式。让步的终极目标是创造双赢局面，开启未来的合作之门。

注释 /////////////////////

[1]　Koch (1998).
[2]　Jensen and Unt (2002).
[3]　Ghosh (1996), pp. 312–325.
[4]　Olekalns, Smith, and Walsh (1996), pp. 68–77.
[5]　Gruder and Duslak (1973), pp. 162–174.
[6]　Pruitt (1994), pp. 217–230.
[7]　Koch (1998).

第7章

价格谈判

> 在太空中飞驰时，我心里只有一个想法——太空舱的每一个零件都是由出价最低者提供的。
>
> ——约翰·格伦（John Glenn）

试图进入新市场的公司，尤其是那些中小型公司，在与目标市场的进口商、代理商和买方进行初步谈判时经常会遇到难题。这些难题通常集中在定价问题上，尤其是其价格可能过高这一事实。虽然价格只是商务谈判中必须磋商的众多议题之一，但它往往会影响整个谈判过程。进入新市场的出口商可能倾向于在谈判开始时就在价格上妥协，因而难以发挥其具有的其他谈判优势，如产品利益、公司的商业经验以及公司提供优质产品的承诺等。

由于价格通常是商务谈判中最敏感的议题，因此双方应该在所有其他交易条件都经过磋商并达成共识之后，再来进行价格谈判。[1]无论如何，在向出口商承诺下达长期订单时，对方很少会仅仅基于价格制定决策，他们考虑的是出口商的一揽子交易条件。在消费者高度重视产品质量、款式和品牌的市场上，在营销渠道结构完善的市场上，在产品上市既耗时又耗财的市场上，情况尤为如此。

通过以精心策划且井然有序的方式在谈判中提出更全面的一揽子交易条

件，出口商应该能够改善其谈判效果，从长远来看，还能提高其出口业务的盈利能力。

7.1 定价因素

作为谈判前的一项准备工作，谈判人员应该分析自己在价格谈判中有多大的灵活余地。这就需要谈判人员仔细研究那些影响定价决策的因素。[2] 与国内市场定价相比，国际定价的影响因素不仅数量更多，而且不确定性和风险更大。国内定价的影响因素包括定价目标、成本、竞争状况、顾客需求以及法律法规等。在开展国际业务时，这些因素在母国和东道国都适用。此外，货币多样性、贸易壁垒以及更长的分销渠道等因素使国际定价决策更为困难。每一个影响因素都包括几个组成部分，这些组成部分的重要性以及相互作用则因国家而异。

7.1.1 定价目标

定价目标应该与营销目标保持一致。从本质上讲，定价目标可以从利润或销售量的角度来确定。利润目标的形式是利润占成本或价格的百分比，或者是目标投资回报率。销售量目标通常规定为销售量的期望增长率，或想要达到的市场份额。

7.1.2 成本分析

成本是定价决策的重要影响因素之一。在众多的成本概念中，固定成本和可变成本对定价最重要。固定成本是指那些不会因经营规模（如产量）而变化的成本。员工工资、办公室租金以及其他有关办公室和工厂的管理费用都属于固定成本。但是，可变成本（如用于生产产品的原料和劳动力的成本）则与经营规模直接相关。

为了确定成本与产量的关系，并区分固定成本与可变成本，正确地度量成本是很重要的。但是，成本度量绝非易事。一些短期固定成本从长期来看不一定是固定的。因此，可变成本与固定成本之间的区别仅在短期内才是重要的。例如，在短期内，销售人员的工资可以被视为固定成本。但是，从长期来看，销售人员的数量可能会增加或减少，因此销售人员的工资将变为可变成本，而不再是固定成本了。

此外，一些成本最初看来是固定的，但经过适当的评估后，会被视为可变成本。例如，一家生产多种产品的公司可以完整地记录其销售经理花在每种产品上的时间，这样就可以将其工资视为可变成本。但是，做记录的成本远远超过了由此带来的收益。此外，无论该公司多么仔细地做记录，一些可变成本仍然难以分摊到特定产品上。

要研究成本对定价策略的影响，可以考虑以下三种关系：（1）固定成本与可变成本之比；（2）公司可实现的规模经济；（3）公司与竞争对手的成本结构比较。如果与公司的可变成本相比，其固定成本占总成本的比例更高，那么扩大销量将对增加收益大有帮助。这样的行业称为**销量敏感型**（vol-ume-sensitive）行业。但在另一些行业中，可变成本占总成本的比例更高，这样的行业就属于**价格敏感型**（price-sensitive）行业，因为即使是价格的小幅上涨也会带来收益的大幅增加。

如果公司可以通过良好运营实现显著的规模经济，就应该扩大市场份额。在制定定价策略时，应适当考虑预期的成本下降。也就是说，可以降低价格，以便在长期获得更高的市场份额。通过规模经济降低成本的概念通常称为**经验效应**（experience effect），即随着经验的不断积累，所有成本都会下降。因此，如果公司获得了更高的市场份额，其成本就会下降，进而可以降低价格。如果一家制造商的生产成本较低，将价格保持在具有竞争力的水平就会带来更多利润。这些额外的利润可以用来大力推广产品，从而扩大整体业务范围。但是，如果制造商的成本比竞争对手更高，就不能通过降低价格来扩大市场份额。在价格战中，高成本的生产商注定失败。

7.1.3 竞争状况

每个国家的市场竞争状况是定价时要考虑的另一个因素。行业竞争状况可以根据行业内的企业数量、产品差异化程度以及市场进入的难易程度等因素进行分析。此外，还应该分析来自国内供应商以及其他出口商的竞争威胁。

定价策略所需的竞争方面的信息包括：竞争对手已发布的价格单和已投

放的广告，竞争对手过去对价格变动的反应，竞争对手调整价格的时机及其诱发因素，有关竞争对手特别宣传活动的信息，与竞争对手产品线的比较，对竞争对手定价目标（营销目标）的推断，竞争对手的财务绩效报告，对竞争对手成本（固定成本和可变成本）的估计，对竞争对手报复性定价措施的预期，对竞争对手报复能力的分析，参与价格战的财务可行性，竞争对手的战略态势，以及竞争对手的整体竞争积极性。

在一个只有一家公司的行业中，不存在任何竞争活动。该公司可以自由设定任何价格，但必须遵守法律规定。相反，在一个由大量活跃公司组成的行业中，竞争是非常激烈的。激烈的竞争限制了公司在定价上的自行决定权。如果一个行业（比如钢铁行业）中只有几家公司，而且它们都生产同一种无差异的产品，那么通常只有行业领导者才有权调整价格。该行业的其他成员往往会跟随领导者来设定价格。

拥有较大市场份额的公司可以首先调整价格，而不必担心竞争对手的反应。据推测，一个拥有较大市场份额的竞争对手的成本最低。因此，该公司可以保持低价（从而阻止该行业的其他成员提高竞争能力），并在不断增长的市场中进一步扩大其成本优势。

如果一家公司所处的行业有机会实现产品差异化，即使该公司规模很小，竞争对手众多，它也可以在一定程度上控制价格。只要顾客认为一个公司的品牌不同于其竞争品牌，该公司就有权自由定价。无论这种产品差异是真实的还是想象的，顾客都不会反对为自己喜欢的品牌支付更高的价格。为了给顾客留下品牌的产品差异化的印象，公司往往会花费重金进行促销。但是，产品差异化只能提供在一定范围内控制价格的机会。

7.1.4　顾客需求

顾客对产品的**需求**（demand）是影响定价的一个关键因素。需求取决于多种因素，价格只是其中之一。这些因素包括：顾客的购买能力，顾客的购买意愿，产品在顾客的生活方式中所起的作用（是作为一种地位的象征，还是仅仅是一种日常用品），替代品的价格，产品的潜在市场（市场上仍有未满足的需求，还是已经饱和），非价格竞争的状况，消费者的普遍行为，以及细分市场中的消费者行为。所有这些因素都是相互依赖的，因此准确地了解它们之间的关系可能并不容易。

需求分析（demand analysis）涉及预测价格水平与需求量之间的关系，同时还要考虑其他变量对需求的影响。价格水平与需求量之间的关系称为**需求弹性**（elasticity of demand）或**价格敏感性**（sensitivity of price），它是指由产品价格变动带来的需求量的变化。价格敏感性应该从两个不同层面来考虑：行业层面和企业层面。

在行业层面上，如果可以通过降低产品价格来大幅增加需求，那么该产品的**行业需求**（industry demand）就是富有弹性的。如果降低价格对需求的影响很小，那么行业需求就是缺乏弹性的。因国家而异的环境因素对需求弹性有直接影响。例如，在发达国家，当汽油价格较高时，普通消费者就会设法节约汽油。当汽油价格下降时，人们则会更随意地使用汽油。因此，在发达国家，对汽油的需求可以被认为是具有一定弹性的。但是，在孟加拉国这样的国家，只有少数富人拥有汽车，无论汽油价格如何变化，总需求都不会受到太大影响，因此对汽油的需求是缺乏弹性的。

如果行业总需求富有弹性，行业领导者就可以首先降价。由降价导致的收入损失可能足以被由此带来的额外需求所弥补，整个市场也可以因此扩大。在有可能实现规模经济的行业中，这种策略是极具吸引力的。如果行业需求缺乏弹性，市场上也没有可获得的替代品，则可以提高产品价格，至少在短期内是这样。但是，从长期来看，政府可能会施加控制，替代品也可能会被开发出来。

单个企业的需求（individual firm's demand）源自行业的总需求。每个企业都会试图弄清楚，通过调整价格，自己能占据多少市场份额。对于无差异的标准化产品来说，降低价格应该有助于企业增加市场份额，只要其竞争对手不会将价格调至同等水平进行报复。类似地，如果企业试图通过投标方式达成交易，降价也应该有所帮助。但是，对于差异化产品来说，实际上应该通过保持高价（在特定范围内）来增加市场份额。

产品差异化可以是真实存在的，也可以是消费者想象的。例如，在国外市场上提供充分的产品保修和售后服务的制造商，就有可能在保持高价的同时增加其市场份额。品牌名称、高端形象、优质印象等因素也有助于实现产品差异化，从而使企业有机会提高价格而不会失去市场份额。简而言之，企业的最佳机会就在于产品差异化。产品差异化可以为企业提供更多机会来通过提高价格增加收益。

7.1.5　政府与定价

在设定价格时，还应该考虑政府的相关法律法规。东道国政府和母国政府的法律要求都必须得到满足。为了从实质上控制价格，东道国政府制定的有关定价的法律往往包罗万象，从宏观的指导方针到定价的详细程序。

虽然国际定价决策取决于多种因素（如定价目标、成本、竞争状况、顾客需求、政府要求等），但实际上，总成本才是最重要的因素。竞争对手的定价策略是第二重要的因素，接下来依次是公司的付现成本、公司的投资回报政策以及顾客的支付能力。

7.2　国际定价面面观

在选择具体的定价导向时，应考虑成本差异、需求情况、竞争状况以及政府制定的有关国际定价的法律等因素的影响。[3]

7.2.1　定价导向

公司可以采取的定价导向主要有两种：成本导向定价法和市场导向定价法。**成本导向定价法**（cost approach）是指计算所有相关成本，再加上期望的利润，从而确定价格。这种定价方法很受欢迎，因为它易于理解和使用，以这种方法确定的价格也相当稳定。但是，成本导向定价法有两个缺点。第一，成本的界定和计算可能会很麻烦，是包括所有成本（固定成本和可变成本），还是仅包括可变成本。第二，由于这种方法过于强调成本，定价决策会失去灵活性。

保守的观点倾向于使用全部成本作为定价的基础。但是，如果采用增量成本定价法，企业就可以获得更多原本没有机会获得的业务。这种方法意味着，只要能够弥补可变成本，就应该寻求额外的业务，而不需要考虑固定成本。一旦收回了固定成本，在为以后的订单定价时，就不应该再考虑这些固定成本。

用于计算最终价格的基于成本的利润率，可以简单地按照行业平均利润率来确定。还有一种方法是，可以根据期望的投资回报率来确定利润率，计算公式如下：

$$基于成本的利润率 = \frac{总投入资本}{年度正常生产的标准成本} \times 期望投资回报率$$

这种方法是对纯粹的"成本＋利润"方法的一种改进，因为利润率的计算更加科学。尽管如此，如何确定**回报率**（rate of return）却成了一个问题。

采用**市场导向定价法**（market approach）时，定价则以相反的方式操作。首先，需要对目标国家市场上的可接受价格作出估计。然后，通过分析确定该价格是否能够满足公司的利润目标。如果不能满足，只能放弃交易，或者提高价格。此外，可能还需要对价格进行一些额外调整，以应对竞争威胁、东道国政府的法律法规、预期的成本上升，以及其他突发事件。总之，最终价格的确定是基于市场，而不是基于估计的生产成本。

从本质上讲，在确定最终价格时，成本导向定价法和市场导向定价法都会考虑一些共同的因素。这两种方法之间的区别在于定价时的核心关注点不同。市场导向定价法注重的是站在顾客的角度研究定价。但遗憾的是，在许多国家，确定价格与需求之间的关系可能并不容易。因此，采用市场导向定价法是脱离实际的。正是由于这种不确定性，公司不得不选择成本导向定价法。

7.2.2 出口定价

出口定价受以下三个因素的影响：

1. 价格的最终接受者（即以该价格支付的一方，包括最终消费者、独立分销商、全资子公司、合资企业等）。

2. 产品性质（也就是说，出口产品是原材料、半加工材料、零部件、成品、接近成品的产品，还是服务或专利、商标、配方等无形资产）。

3. 用于结算的货币（也就是说，结算时使用买方国家的货币、卖方母国的货币，还是某种国际通用货币）。

价格的最终接受者是一个非常重要的影响因素，因为出口商面临的机会和问题会因最终接受者而异。例如，向政府出售产品时，定价可能需要经过特殊的程序和让步，而针对其他顾客的定价则不需要。出口商可能还需要确保针对政府的定价能带来一点额外的利润。独立分销商则理应获得折扣价，因为它们与公司签订了协议，有责任开展营销活动。与独立分销商相比，货比三家的批发商和中间商与出口商的关系完全不同。

原材料和有形商品这类产品给公司定价带来的回旋余地很小。通常，必须按国际市场的现行价格定价，尤其是在供给充足时。但是，如果供给短缺，公司就可以索要更高的价格。

7.2.3　出口价格升级

同一种产品的出口零售价格通常远远高于其国内零售价格。造成出口价格升级的原因在于所有那些与出口业务相关的成本，如运费、关税以及分销商的利润等。出口货物运输的地理距离会导致额外的运输成本。进口货物还必须缴纳东道国政府征收的关税。此外，与国内交易相比，在完成出口交易的过程中，货物需要经过更多的渠道。每个渠道成员都必须因其提供的服务而获得利润，这自然会增加出口成本。同时，出口业务还必须满足国内外政府的各种要求，这会进一步增加成本。

7.2.4　出口报价

向海外进口商作出的出口报价可以采用几种不同的方式。每种方式都规定了出口商与进口商之间的相互责任与义务，以及相应的贸易术语。出口商承担的责任程度会因报价方式而异，出口价格也会随之变化。

出口报价的方式主要有五种：工厂交货（ex-factory），装运港船边交货（free alongside ship，FAS），运输工具上交货（free on board，FOB），成本、保险费加运费（cost，insurance，and freight，CIF），以及完税后交货（delivered duty-paid，DDP）。

工厂交货对出口商来说是最简单的方式，因为进口商必须到出口商的工厂提货，此后的所有费用和风险均由进口商承担。工厂交货方式可以减少出口商的风险。但是，进口商会发现以这种方式达成的交易相当麻烦。由于地处另一个国家，进口商在安排运输事宜以及办理出口国有关对外贸易的各种手续时可能会遇到困难。只有大型公司或专门从事国际贸易的企业，才能顺利处理以工厂交货方式达成的进口交易。

FAS 合同规定，出口商须对货物负责，直到将货物置于装运港船边。此前产生的所有费用均由出口商承担。出口商在收到证明已安全交货的收据，并办理了出口清关手续后，即完成其合同义务。交货行为以及货物所有权的转移都发生在装运港船边。FAS 价格会略高于工厂交货价格，因为出口商必须负责将货物运至装船地点，还需要在较长时间内承担与货物有关的风险。

在 FOB 价格下，出口商必须负责将货物实际装上运输工具。FOB 价格可以采用两种形式：FOB 货交内陆承运人和 FOB 货交海外承运人。如果是 FOB 货交内陆承运人，则该 FOB 价格将略低于 FAS 价格；如果是 FOB 货交海外承运人，则该价格将包含 FAS 价格，再加上将货物运至进口商国家的运输费用。

在 CIF 价格下，一旦货物完成装船，其所有权就立即转移给进口商，但出口商须支付货物抵达目的港的运费和保险费。

在完税后交货方式下，出口商须承担全部责任将货物运至进口商所在国家的特定地点以完成交货义务。因此，出口商必须安排在国外港口的收货，支付必要的税款以及装卸费用，并负责货物在进口国的内陆运输。毋庸置疑，完税后交货价格会远远高于 CIF 合同下的出口货物价格。

7.3 价格谈判前的计划工作

为了获得有利的谈判结果，出口商应该事先制订一份行动计划，以解决几个关键问题。经验丰富的谈判人员都清楚，多达 80% 的谈判时间应该花在这类准备工作上。准备工作应旨在获取目标市场和产品购买者的相关信息。出口商的准备工作还应该包括制订重新发盘计划，以防初始发盘被对方拒绝。[4]因此，准备工作应涉及谈判战略战术的制定。

要想了解买方的需要或需求，就需要提前进行研究。除了客户的偏好，出口商还应评估来自国内和国外供应商的竞争威胁，并充分掌握他们的报价。出口商还应研究产品的分销渠道，以及所需的促销工具和促销信息。在与买方谈判时，这些信息将很有价值。出口商对目标市场和产品购买者了解得越多，其谈判力就越强，也越有可能作出满足买方需求的发盘。[5]对买方来说，要想进行还盘，也需要了解有关出口商的生产成本、运费、保险费、包装费及其他相关费用的详细信息。出口商应该对其公司能够提供的产品数量进行实事求是的评估，并安排好供货时间。在价格谈判中，出口商应尽一切努力强调其公司的规模、财务状况、生产能力、专业技术水平、组织实力，以及对潜在买方的出口承诺。

作为谈判准备工作的一部分，谈判人员应列出买方可能对报价提出的各种拒绝理由及其可能的反应。图表 7-1 列出了一些常见的对报价的拒绝理由，以及建议卖方采取的措施。卖方应根据自己的产品、特定的竞争状况以及具体的市场要求，对该清单进行适当的调整。

图表 7-1　处理进口商可能对报价提出的拒绝理由

进口商对报价的反应	出口商可以采取的应对措施
初始报价太高；希望出口商大幅降价	询问买方"太高"的含义；询问买方要求降价的理由；在进行价格谈判之前，强调产品的质量和利益
从其他出口商处得到了更低的报价	索要更多关于此类报价的详细信息；查明此类报价对买方有多重要；说服买方相信己方的报价更优惠
要求出口商重新报价；希望出口商给予价格折扣	避免在不求回报的情况下作出更优惠的报价，但也不要冒损失利益的风险；在要求回报时，提出具体建议，比如："如果我方给予你方 5% 的价格折扣，你方是否可以安排内陆运输并承担仓储费用？"
某某价格是我最后的报价了	避免立即接受这样的报价；弄清楚该报价所涉及的产品数量；确定是否能接到重复订单；确定由哪方支付仓储、宣传、售后服务等方面的费用
产品是可接受的，但价格太高	同意就成本计算的细节进行讨论；向买方宣传产品利益、作为固定供应商的可靠性、交货的及时性、产品设计的独特性等
初始报价是可接受的	查明进口商对报价如此感兴趣的原因；重新计算成本；调配竞争对手；联系其他潜在买方，以获取更多有关市场情况的详细信息；重新审视定价策略；仅接受试订单

资料来源：Claude Cellich, "Negotiating Strategies: The Question of Price," *International Trade FORUM*, April - June 1991, p. 12.

➡️ 7.4　启动价格谈判

前期准备工作应该为谈判人员提供足够的信息来启动价格谈判。谈判人员应了解对方的需求和要求。如果价格议题在谈判一开始就被提出,谈判人员应避免此时作出任何承诺或让步。即将展开的谈判应涉及以下实质性议题。

7.4.1 强调公司的特质

谈判人员应向对方宣传己方公司的实力,以使对方确信己方公司是可靠的商业合作伙伴,并致力于建立长期合作关系。谈判人员还应该说服对方相信,己方公司有能力以可接受的条件提供对方所需的产品。为了实现这一目的,谈判人员可以强调其公司运营的以下方面:

- 管理能力。
- 生产能力和生产流程,以及质量控制系统。
- 与其他外国公司的技术合作(如果有的话)。
- 出口订单处理流程。
- 出口经验,包括合作过的公司类型。
- 财务状况以及来自金融机构的参考信息。
- 加入主要的贸易和行业协会(包括商会)的情况。
- ISO 认证。

7.4.2 强调产品的特性

一旦对方确信自己正在与一家可靠的公司打交道,谈判人员就可以将谈判焦点引向产品及其利益。不同的客户对产品特性的看法往往会有所不同。因此,谈判人员必须确定其产品是否符合对方的要求。

在某些情况下,满足买方的要求是很简单的。例如,在一场与美国进口商的谈判中,泰国的餐具出口商被告知,虽然其产品的质量和外观都符合市场要求,但价格太高。出口商在谈判过程中了解到,进口商感兴趣的是散装产品,而不是采用昂贵的柚木箱、每箱 12 件的套装产品,因为美国消费者在购买餐具时,要么按单件购买,要么购买每箱 8 件的套装。出口商随即以更低的价格作出了散装销售的重新报价,因为采用散装可以节省包装费、运费和进口关税。该报价被进口商接受了,双方也都从这笔交易中获益了。这个例子说明,了解进口商所寻求的产品特性对出口商来说是有利的。

出口商也许没有什么独特的产品，但通过在谈判中强调产品特性以及其他营销因素，也可以作出能够满足进口商要求的独特的一揽子报价。

7.4.3　保持灵活性

在谈判过程中，买方可能会要求卖方对产品及其外观进行调整。出口商应该表现出尽可能满足这一要求的意愿。但出口商也应该通过分析确定，这种产品调整能否使自己获利。例如，由于报价太高，一场关于出口柚木咖啡桌的谈判陷入了僵局。出口商在谈判过程中意识到，买方主要是对桌面的精美外观感兴趣。因此，出口商作出了重新报价：降低了咖啡桌的价格；桌面仍然使用柚木材料，但桌腿及配件则使用较便宜的木材。最终，进口商接受了该报价，出口商也做成了一笔有利可图的出口交易。

7.4.4　一揽子报价

在双方就所有非价格议题完成磋商后，出口商就可以将最后阶段的谈判焦点转移到与报价有关的财务问题上。在这个阶段，双方需要在以下议题上达成共识：赊销条款，支付条款，支付货币，保险，佣金率，仓储费，售后服务责任，以及损坏商品的换货费用等。在这些议题上达成的共识就构成了"一揽子报价"。此后，如果买方的要求发生了任何变化，出口商都应该提出新的一揽子报价。例如，如果买方对产品本身感到满意，但认为最终价格太高，出口商就可以提出新的一揽子报价，比如在降低价格的同时，要求买方承担运费，接受散装方式，并预付货款。

7.4.5　产品差异化

在某些情况下，价格是交易谈判中最重要的因素。当公司在产品同质化、竞争激烈的市场上开展业务时，这种情况尤为明显。如果买方关注的只是最优惠的价格，而不在乎货源，那么出口商就很难在谈判的开始阶段回避价格议题。在这种情况下，谈判人员应该充分强调其产品与竞争对手产品之间的差异，从而将谈判焦点转移到产品款式、质量以及交货条件等其他因素上。

7.5 价格谈判指南

　　进口商可能会在谈判一开始就拒绝出口商的报价，仅仅是为了从一开始就抢占上风，并寄希望于在其他议题上能得到尽可能多的让步。进口商也可能出于以下原因拒绝初始报价：考验出口商报价的诚意；弄清楚出口商愿意降价的幅度；因产品品牌在市场上不知名而寻求特定的低价格；因产品不符合市场要求而表示对交易缺乏兴趣。

　　如果进口商不接受报价，出口商应作出积极的回应，就非价格议题展开谈判，而不是立即作出价格让步或采取防御态度。拓宽议题范围并探询对方拒绝该报价的真正原因，有助于建立一种更加平等和有建设性的谈判基础。只有了解了对方的拒绝理由，出口商才能作出合理的重新发盘。重新发盘不必仅仅以价格为基础，它也可以涉及相关的议题。

　　为了应对拒绝，一些供应商会人为地抬高初始报价。这使他们能够在谈判一开始就作出价格让步，而无须承担任何财务风险。这种方法的危险在于，它会立即将谈判焦点直接转向价格议题，而忽略了营销组合的其他要素。一般来说，一开始就作出这样的价格让步会导致买方提出更多要求，进而降低出口商在交易中的获利能力。例如，买方可能会要求出口商在以下方面作出让步：

- 数量折扣。
- 对重复订单给予折扣。
- 改进包装和标签（但价格不变）。
- 提前交货，这可能会增加生产成本和运输费用。
- 以进口国市场的语言，提供免费的促销材料。
- 提供免费的售后服务。
- 为那些因正常磨损而损坏的零部件提供免费换货。
- 为维护和使用设备的人员提供免费培训。
- 市场独占权。
- 签订长期的代理协议。
- 更高的佣金率。
- 更优惠的赊销和支付条款。

为了避免遭遇这些过高的要求，出口商应该从一开始就设法确定产品对于买方而言的真实利益。为了达到这一目的，出口商可以向买方提出一些适当的问题，但这些问题必须基于在谈判前完成的研究以及其他准备工作。只有这样，出口商才能作出适当的重新发盘。

➡ 7.6 小 结

价格决定了总收入，并在很大程度上决定了交易的获利性。在制定定价决策时，应考虑以下因素：定价目标，成本，竞争状况，顾客需求，以及政府的法律法规。在价格谈判中，必须根据双方国家的情况来综合研究这些因素。其中每个因素都包括几个组成部分，这些组成部分的重要性以及相互作用则因国家而异。

在价格谈判中，出口商可以采取成本导向定价法或市场导向定价法。成本导向定价法是指计算所有相关成本，再加上期望的利润，从而确定价格。市场导向定价法注重的则是站在顾客的角度研究定价。出口定价还受另外三个因素的影响：价格的最终接受者，产品性质，以及用于结算的货币。在出口零售定价中，出口价格升级是一个重要的考虑因素。同一种产品的出口零售价格通常远远高于其国内零售价格。造成这种差异的原因在于所有那些与出口业务相关的成本，如运费、关税以及分销商的利润等。

为了获得令人满意的价格谈判结果，出口商应该事先制订一份行动计划，以解决一些关键问题，如买方的需求、买方支付货款的意愿/能力，以及买方可能会对初始报价提出的拒绝理由等。谈判人员必须做好应对拒绝的准备，并确定自己是否愿意重新报价。

在应对买方可能会对初始报价提出的拒绝理由时，谈判人员应该强调己方公司的特质，强调产品的特性，保持灵活性，作出一揽子报价，并充分强调己方产品与竞争对手产品之间的差异。在大多数谈判中，价格都很重要。但是，通常在谈判即将结束时，己方公司的可靠性、声誉、财务稳定性等因素也会被对方考虑在内。

注释 /////////////////////

[1] Pechter (2002), pp. 46–50.

[2] The discussion on pricing factors draws heavily from Jain (2008), chap. 13.

[3] Jain (2008), chap. 13.

[4] Lester (2005), p. 8.

[5] Narayandas, Quelch, and Swartz (2001), pp. 61–69.

第8章

结束商务谈判

结束的时机就是一切。

——佚名

结束商务谈判需要特殊的技巧。由于没有哪两场谈判是完全一样的，因此没有哪一种结束谈判的方法比另一种更好。谈判人员必须通过自己的判断选择最适当的方法来结束谈判。

8.1 结束谈判的方法

结束谈判的方法有很多。[1]选择哪种方法最合适取决于以下因素：双方之间的现有关系，谈判目标，文化环境，谈判人员的谈判风格，谈判的状态，以及谈判目标是获得新的合作机会还是延续现有合同。以下是一些结束谈判的常用方法。

8.1.1 选择法

这种方法也称为"非此即彼"法。采用这种方法时，谈判一方会在其最终发盘中为对方提供选择的机会。例如，如果对方同意自付费用将货物运至仓库，那么谈判一方（比如分销商）就愿意降低佣金率。

8.1.2　假设法

采用这种方法时，谈判人员会假定对方已做好达成协议的准备，并准备就交货日期、支付条款等议题展开详细的磋商。卖方经常会采用这种方法，以促使买方达成协议。如果谈判的发起方可以向对方提供不止一个选择方案，这就是一种很有效的结束方法。

8.1.3　让步法

采用这种方法时，谈判人员直到谈判即将结束时才会作出某些事先保留的让步，以鼓励对方达成协议。如果在达成最终协议之前，让步被视为一种有诚意的表现，这种方法就会尤为有效。这些最后一刻的让步不应过于慷慨，但是，它们必须足以鼓励对方结束谈判。

8.1.4　渐进法

谈判人员可以采用的另一种方法是，首先在特定议题上达成共识，然后继续解决其他议题，直到在所有未决议题上都达成共识。这种方法适用于按顺序逐个解决议题的谈判过程。

8.1.5　关联法

还有一种结束谈判的方法是，将对方所要求的让步与希望对方给予的回报联系起来。当双方已经就一些未决议题达成共识，并需要在达成最终协议之前解决其他议题时，这种方法通常是最有效的。

8.1.6　激励法

激励法是指为了立即达成协议，以一些特殊利益激励对方立即接受最终发盘。激励法的目的是，通过提供一些特殊刺激来应对各种拒绝理由。例如，如果对方同意当场达成交易，就可以为对方提供免费安装和维护服务，承诺次年交货时不会涨价，以及提供免费培训等。

8.1.7 总结法

采用这种方法时，谈判人员需要对所有讨论过的议题进行总结，强调己方所作的让步，并强调对方通过接受该发盘所能获得的利益。随着谈判临近截止期限，并且双方已经在所有未决议题上达成共识，谈判一方就可以对这些议题进行总结，并请求对方加以认可。总结应简短，并应准确反映所讨论的内容。这种方法适用于任何文化背景或商业情境下的谈判。

8.1.8 折中法

"折中法"也是一种很有效的结束谈判的方法。采用这种方法时，双方几乎已达成共识，并且遗留的分歧很小。这时，更可取的做法是将分歧折中，而不是继续就无关紧要的议题进行无休止的谈判，因为与总体谈判目标相比，这些议题都是次要的，并且纠结于这些议题还有可能损害双方的关系。[2] 对分歧进行折中的前提是，双方的初始发盘必须都是切实可行的，否则，这种方法就会使报价极低的一方（买方）或报价极高的一方（卖方）获得不公平的利益。这是一种可以加快结束谈判的常用方法，但谈判人员必须确保它不会导致利益分配不公的协议。

8.1.9 试探法

试探法可以用来测试对方接近达成共识的程度。采用这种方法时，谈判一方会作出一个试发盘，给对方一个表达保留意见的机会。如果试发盘被对方拒绝，这就表明双方需要就这些议题继续谈判。作出试发盘的一方并不受其约束，对方也没有义务一定要接受该试发盘。一般来说，试发盘可以使双方就遗留议题展开建设性的谈判，同时确保谈判富有成效，直到双方达成共识。[3] 这种方法有助于确定哪些遗留议题需要澄清。

8.1.10　最后通牒法/否则法

这种方法是迫使对方就最终发盘作出决定。如果对方不回应或者不接受最终发盘，发盘方就会退出谈判。通常，如果协议的执行依赖于双方的信任和诚意，则不建议在谈判中使用这种方法。

8.2　选择结束谈判的方法

谈判人员应在谈判前的准备阶段就选定结束谈判的方法。一旦选定了结束方法，谈判人员必须仔细对其加以研究，以确保充分掌握。所选择的方法应适合谈判所处的环境，并应符合谈判的总体目标。经验丰富的谈判人员可以交替使用不同的方法，或者将多种方法结合起来作为谈判策略的一部分。[4]

一般来说，有经验的谈判人员更喜欢采用让步法、总结法或折中法，尽管其他方法（如假设法、激励法、关联法、试探法等）在特定类型的谈判和文化背景中也是有效的。

8.3　结束谈判的时机

由于几乎每场谈判都是不同的，因此结束谈判的时机会因谈判情境而异。结束时机也会受到谈判人员的文化背景、交易的复杂程度、双方的现有关系以及彼此的信任程度等因素的影响。例如，如果两家公司已合作数年，并且正在就重复订单进行谈判，它们很可能就会迅速达成协议。但是，有关成立合资企业的谈判可能就需要数月甚至数年才能结束。

在作出最终发盘时，谈判人员必须确保对方有决策权，否则，对方可能会需要更多时间在其组织内部讨论该发盘。在一些国家，决策必须经过集体同意，结束谈判会很耗时，因为谈判人员必须与组织的其他成员协商以获得同意。这种额外的商讨可能会导致谈判延时，甚至导致对方在最后一刻提出让步的要求。为了应对此类要求，发盘方必须在作出最终发盘时明确声明：如果对方要求进一步变更交易条件，发盘方就需要对已达成共识的所有议题加以重新考虑。[5]

8.3.1　线索

经验丰富的谈判人员可以利用一些线索来判断何时是结束谈判的时机。最明显的一个线索是，谈判一方作出的让步变得越来越不重要，让步的频率越来越低，并且让步越来越勉强。通常，这就意味着不可能进一步妥协了。此后的任何让步都可能会导致谈判破裂。

在几乎所有的谈判中，当双方都已实现了其大部分目标，并准备在一些无关紧要的议题上作出让步以达成协议时，结束谈判的时机就到了。这时，双方会交换想法以确定各自的需求，会验证各自的假设，并会对谈判空间以及对方可能要求的让步类型进行估计。大多数让步都是在谈判即将结束时作出的，尤其是在临近谈判的截止期限时。多达80％的让步都发生在谈判的结束阶段。到了这一阶段，双方已经对彼此的利益所在非常了解，倾向于采取一种创造性的解决问题的态度，并且通常会考虑让步以达成协议。

结束谈判时机的另外一个线索是，谈判一方确定自己已实现了最佳结果，并作出了最终发盘。在作出最终发盘时，谈判人员必须表现出坚决的态度，并要求对方作出坚定的承诺。但有时，很难确定最终发盘方究竟是值得信赖的，还是仅仅在利用一种结束策略来达成对其有利的谈判结果。

此外，结束谈判的时机在很大程度上还取决于双方之间的现有关系和信任程度，以及谈判所处的文化环境。在一些国家，最终发盘被认为是具有终局性的；但在另一些国家，它仅仅传达了一种达成协议的意愿。在进行最终发盘时，如果对方拒绝接受该发盘，则发盘方必须愿意终止谈判。但是，为了避免谈判破裂，最终发盘方可以规定一个对方接受该发盘的最后期限。这样，对方就获得了更多时间来重新审视该发盘，并获取更多的事实依据，以使谈判能够继续下去。

在一些国家，如法国，谈判人员会从一些基本的原则性议题开始谈判，然后再讨论更具体的议题。[6]转向具体议题的一方通常就是在表达一种结束谈判的意愿。但是，在美国，谈判人员从一开始就会在具体议题上逐一妥协，直到双方在所有未决议题上都达成共识。这些不同的方法说明了文化背景对商务谈判的影响，也说明了谈判人员在结束国际商务谈判时必须要有灵活性。

谈判人员普遍认为，在接受最终发盘之前，双方往往会在最后一刻提出让步的要求。这种要求是意料之中的，也是谈判过程的一部分。为了准备好应对这种最后一刻的要求，谈判人员应该事先保留一些让步，以保持对谈判的推进力，并促使对方结束谈判。这些让步必须能够得到对方的充分重视，但其代价不能太高。因此，谈判人员需要确定对方的真实需求，以及自己在结束谈判前必须作出的让步，并将其纳入整体的一揽子发盘中。

在应用任何一种结束谈判的方法之前，谈判人员都应该向自己提出以下问题：

- 谈判协议是否可以实现我方的目标？
- 我方是否有能力履行该协议？
- 我方是否打算投入履行该协议所需的资源？
- 我方是否认为对方有能力履行其对该协议的承诺？
- 高层管理人员/利益相关者是否认可该协议？

只有当每个问题都得到了肯定的回答时，双方才算是准备好结束谈判了。

8.3.2　截止期限

结束谈判时机的最明显标志就是谈判截止期限的临近。双方应提前就谈判的截止期限达成共识，比如在谈判的开始阶段或在制定谈判议程时。由谈判一方在谈判过程中随意设定的截止期限，会给对方在结束谈判这一事宜上造成过多的压力。

但是，谈判的截止期限应灵活设定。应该允许重新商定截止期限，以确保谈判顺利进行，直到达成协议。尤其是当谈判人员在不同的文化环境中进行复杂的谈判时，他们应在制订谈判计划时考虑到谈判延时的可能性。

8.3.3　最后要点

当交易即将达成时，谈判人员需要问自己一些问题，以免在协议的履行阶段出现不愉快的经历。在大多数情况下，出现问题的协议并不是突然就变得难以履行。相反，导致重大危机的往往是那些无人关注或被搁置在一边以期其逐渐自行化解的小问题。[7] 为了确保协议的顺利履行，谈判人员应该向自己提出以下问题：

● 所有的重要议题是否都已讨论过？

● 达成的协议对双方而言是否可行？

● 该协议是否明确规定了双方的责任（包括支付条款、交货时间、产品规格等）？

● 双方是否已确定了履行该协议的主要障碍并商定了克服这些障碍的方法？

● 就可能会在协议履行过程中出现的争议，双方制定了哪些机制来加以解决？

● 如果其中一方需要对协议条款进行重新谈判，双方应遵循什么程序？

谈判人员应尽可能参与协议的履行过程。双方都应该通过定期互访和持续沟通，按照商定的程序来监督协议的执行情况。通过保持定期联系，保留所有交易的准确记录，以及关注微小的细节，双方可以确保商务合作关系的顺利发展。图表 8-1 列出了一些在结束谈判时应该做和不应该做的事情，以及需要谨记的要点。

图表 8-1 结束谈判：应该做的与不应该做的

应该做的
● 在制定谈判战略战术时，对谈判对方可能会在最后一刻提出的要求进行预期。
● 同意能够反映你方目标的谈判议程，并设定切实可行的截止期限。
● 听取对方的异议，并询问其不接受发盘的理由。
● 强调对方接受你方发盘能够获得的利益。
● 弄清楚对方让步的模式、程度和频率的变化。
● 通过给出清晰的解释来应对拒绝。
● 在整个谈判过程中做记录，包括双方各自作出的让步。
● 确保你方的最终发盘是可信且有说服力的。
● 在签署协议之前，仔细检查协议草案，并弄清楚任何你不明白的地方。

不应该做的
● 将结束谈判视为独立于谈判过程的一个步骤。
● 急于结束谈判。
● 在最后一刻作出重大让步。
● 因截止期限临近而仓促作出代价高昂的让步。
● 过于强调你方的利益，以至于迫使对方退出谈判。
● 在无关紧要的议题上受阻时，忽视你方的长期目标。
● 在结束谈判时过于情绪化。（在谈判的结束阶段，你需要尽可能清晰地思考。）
● 在达成协议之后，立即与对方讨论该协议。（你会面临重新谈判的风险。）

谨记
● 灵活性是达成交易的核心。
● 经验丰富的谈判人员会在谈判的准备阶段就制定结束谈判的策略。
● 成功的谈判人员会遵循自己的预设目标，并将精力集中在关键议题上。

续表

- 许多谈判人员都会担心谈判结束或不知道如何以及何时结束谈判，而成功的谈判人员会在适当的时候鼓励对方结束谈判。
- 结束谈判的最佳时机是，双方都已实现了各自的期望目标。
- 成功的谈判人员只有在交易有利时才会结束谈判，这种交易不仅对己方有利，也对对方有利。
- 由于结束谈判的方法因文化因素而异，因此结束谈判的概念在世界各地也有所不同。
- 不要急于结束谈判。
- 应对拒绝是发盘得到接受这一过程中的一部分。
- 成功结束谈判的人都会寻求共识。
- 买方通常会在接受发盘之前再拒绝一次。
- 在双方就所有议题都达成共识之前，根本就不存在所谓的共识。
- 不是所有的谈判都会以达成交易而结束。有时，达不成交易也好于达成一笔不利的交易。

资料来源：Claude Cellich，"Closing Your Business Negotiations," *International Trade FORUM*，1/1997，p. 16.

➡ 8.4 小 结

许多谈判人员不知道如何成功地结束谈判。他们应该做好充分的准备工作，包括了解何时和如何使用适当的方法来结束谈判，以及如何应对对方结束谈判的策略。只要掌握了结束谈判的技巧，谈判人员就可以达成那种双方可以在整个协议期限内顺利履行的协议。在达成交易时，谈判人员应该牢记，只有建立在彼此信任和公平竞争基础上的谈判才能带来重复合作和客户推荐。由于寻找新的合作伙伴既耗财又耗时，因此谈判人员应尽可能接受双方都满意的交易条件，以维系现有客户。

注释 ////////////////////

[1] Moran and Stripp (1991).
[2] Riley and Zeckhauser (1983), pp. 267–289.
[3] Foster (1992).
[4] Ghauri (1986), pp. 72–82.
[5] Graham (1986), pp. 58–70.
[6] Campbell, Graham, Joliber, and Meissur (1988), pp. 49–62.
[7] Axtell (1993).

第**9**章

进行重新谈判

合同就是用来约束弱势方的协议。

——弗雷德里克·索耶（Frederick Sawyer）

如今的商务谈判人员发现，越来越难以达成那种能够承受变革压力的"定式"协议了。因此，在国际商务中，重新谈判已经成为一种日益增长的趋势。开展全球业务的公司每天都在签订有望互惠互利、持久合作的协议。尽管双方抱有良好的意愿，协议条款也无懈可击，但一旦开始履行协议，意想不到的困难就会出现，双方因此必须重新谈判。

在谈判的结束阶段，双方往往都会认为谈判即将终止，双方都可以期待一个圆满的结果了。但事实上，谈判只是开始。在协议履行完毕之前，谈判就不算完成。由于全球市场总会发生许多意想不到的变化，因此顺利履行协议只是个别情况，而不是常规。

虽然达成商务交易的主要目的是获利，但协议往往会以无利可图而告终。双方对各自的责任也可能有不同的解释。因此，持续监控协议的履行是很重要的。一旦出现困难，双方应毫不犹豫地进行重新谈判。

➡️ 9.1　重新谈判的原因

大量的事实证据表明，与国内交易相比，重新谈判在国际商务中更为普遍。这是因为国际商务谈判会涉及一些在国内环境中不存在的情况。如果一方认为，因其无法控制的变化，交易已变得难以负担或不合理，该方就会要求重新谈判，以寻求另一种可能性，而不是完全拒绝履行协议。下面探讨可能导致重新谈判的一些情况。[1]

9.1.1　国际商务环境方面

国际商务交易很容易受到政治和经济环境变化的影响，这与国内交易有所不同。在政治方面，一个国家可能会面临内部冲突，如内战、政变或政策的根本性转变等。在经济方面，货币贬值或自然灾害都可能造成不利于履行协议的环境。

9.1.2　争议解决机制

如果谈判一方无法有效地利用谈判对方国家的法律制度，对方可能就会认为，即使不履行一项负担繁重的交易，自己也不会有什么损失。在这种情况下，重新谈判就是确保交易能够继续进行的一种令人满意的解决方案。

9.1.3　政府参与

从事国际商务的企业经常需要与政府部门或公共部门公司（即由政府所有和经营的公司）打交道，尤其是在发展中国家。政府可能会拒绝遵守那种他们日后认为是繁重负担的协议。为了维护本国人民的利益或国家主权，它们可能会强制进行重新谈判。

9.1.4　国家间的文化差异

在不同的文化背景下开展业务需要格外小心，必须确保充分理解协议的内容。例如，一些国家倾向于采用冗长且详细的协议，因此协议的履行几乎没有灵活性。在这种情况下，谈判人员应识别出在协议有效期内可能影响交易的所有事件，并将有关条款纳入协议。为了避免违约行为，应在协议中规定对违约行为的罚金条款，以确保协议的严格执行。

有些文化更倾向于将协议视为商务合作关系的开始。在这些文化中，重新谈判的可能性相当大。由于对协议内容的解释往往会因不同文化对谈判过程的看法而异，因此在不同文化背景下开展业务的谈判人员会认真考虑谈判的后续阶段以及最终的重新谈判。

9.2　降低重新谈判的需要

在当今瞬息万变的全球市场中，很难避免对商务协议的重新谈判。但是，谈判人员可以采取一些措施来降低重新谈判的频率或缩小重新谈判所涉及的范围，如澄清所有主要议题，规定对违约行为的罚金条款，坚持定期开会以监督协议的履行，以及对一些问题可能对未来合作机会产生的负面影响作出解释。这样可以提醒双方注意各自的责任和风险。

在世界不同地区开展业务需要采取不同的谈判方法。在一些文化中，谈判并不是以签订协议而结束，而是在关系持续期间继续进行。为了在这样的环境中顺利开展业务，应在协议中设定早期预警机制以及时发现问题。与详细、冗长、没有灵活性的协议相比，签订一份允许最终修订的较短协议可能更合适。但是，应在协议中规定罚金条款或类似的威慑措施，以避免在协议的关键方面可能出现的违约行为。

例如，如果制造商要求的备件订购数量超过了供应商的预期，则供应商应将其视为一个预警信号。实际情况可能是设备使用不当或维护不足。在本例中，供应商可以仔细研究协议中有关质量保证、维修责任、备件供应以及与设备故障相关的其他事项的条款。制造商则可以向操作人员提供如何正确使用设备的培训，根据当地情况调整操作手册，将操作手册翻译成用户国家的语言，或者同意在初始安装阶段参与设备的维护。通过采取这些额外的预防措施，双方可以期待以最低的难度执行协议。

在谈判的结束阶段，大多数有经验的国际谈判人员都会问自己一个问题："该协议对谈判对方有什么意义？"换句话说，"这是谈判的开始还是结束?"在谈判即将结束时应提出的另一个关键问题是:"对方遵守协议的可能性有多大?"对这些问题以及其他类似问题的回答可以提醒谈判人员注意那些在协议有效期内可能出现的问题。在谈判结束阶段进行的此类探究式提问有助于降低重新谈判的需要。图表 9-1 列出了更多此类探究式问题。

图表 9-1 降低重新谈判的需要

如果你可以对以下大多数问题很有把握地回答"是",你就向签订一项不太可能需要大规模重新谈判的协议迈进了一步。但是,对于那些答案为"否"的问题,你还需要继续进行谈判。当你对所有问题都回答"是"时,你就可以相当确定,不再需要重新谈判了。

- 该协议是否符合对方的总体长期商业战略?
- 双方是否都可以从该协议中获益?(这是不是一笔双赢交易?)
- 你是否确信对方会全力履行该协议?
- 管理层是否会无条件地支持你履行该协议?
- 你是否确定对方有能力(如管理能力、技术能力以及财务能力等)履行其义务?
- 是否已确定、讨论并解决了所有主要的潜在问题?
- 你是否认为该协议完全可执行?
- 对违约行为的罚金条款是否足以确保严格遵守协议条款?
- 是否建立了反馈机制以监督协议的执行情况?

资料来源:Claude Cellich,"Contract Renegotiations,"*International Trade FORUM*,2/1999,p. 13.

9.2.1 防止重新谈判

如果双方能够提前预见到问题并在协议中规定适当的条款,就可以防止(或至少是最小化)重新谈判。关于重新谈判一个基本原则是:如果对方拒绝履行协议的成本低于其履行协议的成本,则拒绝履行协议以及重新谈判的风险就会增加。因此,作为一种战略,为了使协议顺利履行,谈判人员应确保对方能获得足够的利益。为了实施这一战略,谈判人员应遵循以下步骤:

- 将对方锁定。为了实现这一目的,可以在协议中加入一些详细的条款以及保证履行协议的承诺。还应该在协议中设定一些机制,以降低拒绝履行协议以及重新谈判的可能性。这些机制要么会增加对方不履行其协议义务的成本,要么会因谈判方的协议利益损失而为其提供补偿。可以达成此目的的两种常用机制是履约保证金机制和关联机制。在履约保证金机制下,如果对方不履行协议，则对方或某个可靠的第三方（如跨国银行、投资公司等）须划拨资金或财产给谈判方。关联机制旨在增加对方不履行协议的违约成本。关联机制的一个例子是，几家银行结成金融联盟，为一个经济不发达国家的项目提供资金。该国家可能会发现，如果不履行协议，它将很难与整个金融联盟对抗。该国还将发现，失去信誉的成本很高，因为这会有损其未来发展计划。

● 达成利益平衡的交易。对双方都有利的交易才是成功的交易。因此，谈判人员应确保协议可以实现双赢结果。如果协议是互惠互利的，则任何一方都不会出现违约行为。利益平衡的交易会根据双方的优势来分配风险，而不仅仅是基于谈判力。此外，意料之外的收益或损失应由双方共同承担。

● 控制重新谈判。这是指在协议中规定一项条款，定期就一些容易受变化影响的议题进行交易内重新谈判。换句话说，谈判人员应在协议中规定，定期审查交易的执行情况并进行重新谈判。最好在一开始就认识到重新谈判的可能性，并具体规定进行重新谈判的程序。本章稍后将探讨交易内重新谈判。

9.2.2 将重新谈判的成本计算在内

经验丰富的国际商务谈判人员会在最终发盘时考虑到潜在的重新谈判成本。重新谈判可能会耗费大量的时间与金钱，但谈判人员可以采用一些方法在初始发盘中将额外的成本计算在内，以弥补未来重新谈判的费用。

一种可行的方法是，将协议的履行过程分为几个阶段，并在成功执行每个阶段后进行一次支付。这类协议适用于冗长且复杂的合同，比如关于成立合资企业的协议。最有效的准备工作就是获取过去所有往来事务的准确信息。这有助于双方避免把时间浪费在相互指责对方违反协议条款上。

在协议中规定对违约行为的罚金条款是防止对方违反协议的另外一种方式。但是，一方对罚金条款的过分重视也许意味着对谈判对方缺乏信心，这可能会导致对方的不信任和怨气。在不断变化的竞争环境中，这很难成为发展稳定商务合作关系的基础。图表 9-2 总结了处理重新谈判的一些要点。

图表 9 - 2　重新谈判：需要记住的要点

在签订协议之前

- 将谈判视为一个动态过程，因此需要对协议进行持续监控。
- 在协议中将额外成本计算在内，以弥补未来重新谈判的费用。
- 将协议的履行阶段视为总体谈判战略的一个组成部分。
- 在双方之间建立良好的关系，因为这是使协议顺利履行的最佳保证。

在协议履行期间

- 为潜在的重新谈判做好准备——保留所有往来事务的记录，从谈判的开始阶段到协议的实际履行。
- 记住，协议的含义因文化而异，因此要有灵活性、理解力和耐心。
- 在你了解全部事实之前，不要指责对方有任何不当行为。
- 不要等到小问题发展成大问题才考虑重新谈判。

如果重新谈判不可避免

- 在开始重新谈判之前，咨询每个参与初始谈判的人，以及那些负责履行协议的人。
- 确保你清楚地了解那些引发重新谈判的因素。
- 在相关各方之间展开建设性的谈判，这比诉诸法律更可取。
- 在进行重新谈判时，牢记自己的长期商业目标。
- 制定一些措施，以确保各方都能满意，即使这意味着需要重新谈判。通过重复合作以及客户推荐，感到满意的各方都可以增加收益。
- 不要批评对方，因为解决问题需要对方的合作。

资料来源：Adapted from：Claude Cellich，"Contract Renegotiations," *International Trade FORUM*，2/1999，p. 15.

9.3　克服对重新谈判的惧怕心理

公司往往会低估需要就协议中的具体条款进行重新谈判的潜在问题。当出现问题时，双方聚在一起解决问题是理所当然的。但令人惊讶的是，造成问题的一方通常不愿寻求更改或修订协议。负责履行协议的人常常会因担心被拒绝而不敢提出重新谈判的要求。

当双方本着合作精神开展商业交易时，一方可能会认为不宜向对方提出特殊条件，因为这可能会被理解为是在利用彼此的关系。害怕得到否定的回答可能会导致错失改善合作关系以及履行协议条款的机会。

在一些文化中，人们非常害怕尴尬，以至于仅会发出间接"信号"来表明需要修订协议。例如，突然的沟通不畅，含糊不清的答复，或者无法与对方取得联系（包括长时间的沉默），都可能暗示着出现了问题。

一方一旦发现了问题（例如，产品质量较差或无法按时交货），就应该主动联系对方。最好从一开始就采取纠正措施，以识别问题并提出解决方案。有时，由于缺乏国际商务经验或对严格的市场规范了解不足，供应商可能无法完全掌握市场对优质产品的具体要求。

严格遵守交货条款是另一个敏感的问题，尤其是对那些依赖即时库存的公司而言。随着越来越多的企业将其部分生产/服务外包，交货方面的问题可能会在未来几年有所增加。为了将这类问题最小化，谈判人员必须保持沟通渠道的畅通，尽早与对方联系，并愿意就出现的问题进行开诚布公的讨论。

这里有一个案例：一家澳大利亚的家具进口商在 12 月份收到了来自某国的一大批货物，但货物数量超出了合同的规定。[2] 这批意外超量的货物导致了额外的仓储费、装卸费以及其他一些间接费用。但是，该进口商既没有抱怨也没有运回额外的货物，而是立即与供应商取得了联系。原来这一大批货物是供应商的出口经理自作主张发出的，因为这可以带给他一笔可观的年终奖金。在听取了供应商的意见后，进口商对这批货物造成的经济负担进行了解释，并要求供应商在未来订单中给予补偿。通过这样做，进口商并没有采取敌对态度或指责对方，而是试图找到一个可行的解决方案，同时表达了保持长期合作关系的承诺。

➡ 9.4 重新谈判的类型

在瞬息万变的全球环境中，奢求协议的顺利履行是不现实的。虽然谈判人员会努力去预测未来，并在协议中就以后可能发生的意外事件作出规定，但实际上几乎不可能预见到所有的可能性。因此，国际商务谈判人员应意识到，为了取得成功的结果，持续进行讨论和协商是非常必要的。因此，重新谈判不可避免。

重新谈判分为四种类型：事前谈判，交易内重新谈判，交易后重新谈判，以及交易外重新谈判。每种类型适用于特定的情况，会引发不同的问题，并需要不同的解决方案。在任何重新谈判中，开诚布公的沟通以及持续的监控都是成功的关键。灵活性、承诺以及对重新谈判必要性的认识都应该成为谈判战略的重要组成部分。

9.4.1　事前谈判

在交易达成之后，但开始履行之前，可能会发生一些不可预见的事件，从而导致谈判协议难以履行。精明的谈判人员会通过事前谈判来控制局面，也就是说，在干扰事件发生之前就进行重新谈判。进行事前谈判需要做到以下几点：（1）寻找潜在问题；（2）建立一种机制以处理自发性变化；（3）建立一种机制以解决威胁到双方关系的分歧和争议。[3]

从交易的角度来看，这些潜在问题主要分为三类：逾期履行，瑕疵履行，以及无法履行。

● 逾期履行。遵守截止期限是现代商业中公认的规范——必须在约定的日期交货，必须及时弥补产品瑕疵，必须按时支付。但是，如果一家公司因内部意外事件（如罢工）或外部意外事件（如无法获得某种零部件）而无法遵守截止期限，则该公司必须就逾期履行问题与对方进行重新谈判。

● 瑕疵履行。假设你与一家海外买方就定制家具以及交货事宜进行了谈判。随后，你订购了各种零部件以完成这笔订单。当产品准备装运时，你发现其中一种零部件存在问题。因此，你不得不与零部件供应商重新谈判，要求其弥补产品瑕疵，降低瑕疵品的价格，或者承诺日后提供一种新产品。

● 无法履行。一家家具厂商因其仓库失火而无法履行协议。这就需要与对方重新谈判，以撤销协议。重新谈判可能会使交易失效，同时该厂商无须向对方提供赔偿，或者该厂商可能会因无法履行协议而承担损害赔偿责任。

9.4.2　交易内重新谈判

最常见的重新谈判类型是因一方未能在协议的有效期内履行其义务而产生的。在这种情况下，该方会寻求通过交易内重新谈判免除其责任。交易内重新谈判的另一个例子是，一方因无法履行承诺而希望撤销协议。首次进入国外市场的中小型企业通常会采用这类重新谈判。由于它们各方面的能力都比较有限，如无法满足较高的质量标准，无法大批量生产，或者无法按时交货，它们不得不就协议进行重新谈判，或者要求撤销协议。

如果初始协议中规定了允许交易内重新谈判的条款，则这类重新谈判会比较顺利地开展。最好从一开始就认识到，由于不可预见的事件可能需要就特定条款进行重新谈判，因为这对缓解紧张局势以及减少误解大有帮助。在这种情况下，重新谈判被认为是双方都可以本着诚信原则进行参与的一种合理活动。

如果双方确定了审查协议履行情况的具体日期或时间段，则重新谈判的机会也会出现。例如，在达成一项长期协议时，双方可以决定定期在约定的时间会面，根据目前取得的经验审查协议的履行情况。双方还可以通过这些会面发现一些由市场情况变化引起的问题。

在那些协议被认为是一种关系而不仅仅是商业交易的国家，交易内重新谈判尤为适用。有关交易内重新谈判的协议条款可以使他们做生意的方式变得更加正式。也就是说，当情况发生变化时，谈判双方应聚在一起决定如何应对这种变化。

虽然定期重新谈判是有好处的，但如果交易需要持续很长一段时间，它确实也存在不利之处。第一，定期重新谈判增加了协议条款的不确定性。第二，它会引起谈判双方的相互猜疑，因为其中一方可能会以情况变化为借口要求重新谈判，以获得对自己更有利的条款。第三，它质疑了协议的有效性，因为协议需要重新谈判。

9.4.3　交易后重新谈判

重新谈判也可以发生在协议到期后。有时，谈判一方或双方可能会决定等到协议到期再进行重新谈判。交易后重新谈判可能反映了现有商业战略的变化，也可能表明一方不再相信继续保持合作关系是有利可图的。

交易后重新谈判的过程在一定程度上与初始谈判是相似的，尽管存在一些关键差异。第一，双方都经历了彼此了解的过程。双方都了解对方的目标、方法、意图和可靠性，这些是重新谈判所需的重要信息。第二，双方都研究过许多有关交易风险和机会的问题，不需要在重新谈判时再次考虑。第三，双方都在金钱、时间和承诺上作出了投入，如果都对结果感到满意，就会渴望继续保持这种关系。

9.4.4　交易外重新谈判

这类重新谈判相当于放弃现有协议并邀请对方进行重新谈判。通常，当协议中没有规定有关重新谈判的条款时，如果一方声称无法履行该协议，该方可能就会提议重新谈判。但对方可能很难在心理上接受重新谈判，因为它对预期利益的希望破灭了。此外，双方往往会以一种悲观情绪开始交易外重新谈判。在重新谈判是唯一可行选择的情况下，双方会很不情愿地参与其中。因此，交易外重新谈判的氛围往往充斥着双方的不良情绪和不信任感。

谈判双方都会感到愤愤不平。一方会认为对方应该理解自己的难处，因此应在重新谈判中充分合作。但对方会觉得自己的预期利益被剥夺了，并会认为自己被迫要放弃一些其拥有法律和道德权利的东西。

交易外重新谈判对双方都会产生多种影响。提出重新谈判的一方可能会在商界失去信誉。在进行重新谈判时，对方可能会要求在协议中规定更严格的条款或对违约行为的惩罚措施。接受重新谈判的一方则可能会落下软弱和承受不了压力的名声，这会促使其他协议中的对方也纷纷提出重新谈判的要求，以获得对其更有利的条款。重新谈判的这种连锁效应可能会削弱让步方日后与其他方交易时的谈判能力。

9.5 重新谈判的方法

进行重新谈判可以采用以下方法。[4]

● 澄清现有协议中的含糊之处。采用这种方法时，双方需要对现有协议中的含糊之处加以澄清，而不是签订一项新的协议。它承认现有协议的有效性，但会根据出现的新情况对其作出修订。例如，假设一家出口商已经通过谈判同意承担将货物空运至国外目的地的运输费用。几个月后，全球能源危机爆发了，原油价格每两周就翻一番。该出口商发现运输成本的上升已经使自己彻底失去了利润，除非进口商同意重新谈判以减轻其过高的空运成本负担，否则自己将无法继续履行交易。于是双方对主协议作出了修改，加入了由进口商承担部分额外空运费用的条款。在不质疑原始协议有效性的情况下，这一名义上的变更得到了双方的一致同意。

● 重新解释关键条款。有时，对协议条款的解释会因谈判双方的背景而异。采用这种方法时，重新谈判相当于重新定义这些条款，以使双方对这些条款有相同的理解。

- 放弃协议中的一个或多个要求。作为重新谈判的一部分，负担过重的一方可以免于履行协议规定的某些义务。
- 重新起草协议。如果上述所有方法都行不通，双方可能就会被迫将现有协议作废，并重新谈判一项新的协议。

➡ 9.6 小　结

随着竞争的加剧、外包业务的增加以及电子商务的发展，对商务协议进行重新谈判很可能成为行业规范，而不仅仅是个别谈判双方的规定。成功的商务谈判人员不会将协议的履行阶段视为独立的过程，而是会将这些后续阶段视为谈判战略的必要组成部分。

在商务交易中，重新谈判可能是必要的，并且从长期来看是更加有利可图的，即使它会带来一些暂时的不利影响。国际商务谈判人员非常清楚，仅依靠协议是不可能解决所有未决问题的。在竞争激烈的全球环境中，为了建立重复合作的坚实基础，人际关系和相互信任是至关重要的，尤其是在那些关系导向型文化中开展业务时。在对现有协议进行重新谈判时，双方应该时刻牢记商务关系的长期利益。

经验丰富的谈判人员即使在达成协议后仍然会继续谈判。最终，与寻找新的合作伙伴或诉诸费用高昂的法律程序相比，通过重新谈判共同解决问题来满足和维系现有客户的成本更低，花费的时间也更少。技巧娴熟的谈判人员都知道，确保交易顺利履行的不仅仅是一纸协议，还有双方之间关系的力量。

注释 ///////////////////////

[1]　Salacuse (1991).
[2]　Blackman (1997), pp.98–102.
[3]　This section draws heavily from Salacuse (1991).
[4]　Salacuse (1991).

第 **4** 篇

谈判工具

第 10 章

有效谈判的沟通技巧

知者不言，言者不知。

——老子

随着越来越多的国家积极参与国际贸易，来自不同文化背景的进出口商之间的商务联系日益密切。同时，随着国内和国际市场上的竞争愈演愈烈，商务谈判人员所面临的谈判环境也更加严峻。尤其是那些首次进入国际市场的中小型企业的谈判人员，更需要掌握多元文化环境中的谈判技能。在这些谈判技能中，沟通技巧是非常重要的一部分。对于谈判来说，沟通永远都是首要的。谈判就是一种对话，在此期间，双方会阐述自己的立场并倾听对方的观点。在这种交换意见的过程中，双方会进行发盘并寻求让步。谈判的最终结果旨在为双方创造附加值。

谈判过程中的沟通可以发生在两个层面上：逻辑层面（比如一个具体的报价）和语用层面（比如语义、语法和语言风格）。对方所接收到的信息是逻辑信息与语用信息的结合。重要的不仅仅在于说了什么以及如何说的，还在于谈判人员所暗示、传达或感知的推断性信息。因此，谈判人员必须格外注意对语用信息的掌控。很多时候，即使是出于良好意图，但由于谈判人员没有意识到潜在的语用沟通不当，他们往往最终会发出错误的信息。

与文化背景相似的谈判双方相比，来自不同文化背景的谈判双方之间的沟通往往更加困难和复杂。[1] 例如，来自传统文化背景的谈判人员通常更重视发盘的提出方式，而不是其内容。在这样的谈判中，没有说出的话可能与说出的话一样重要。在谈判的开始阶段，谈判人员可以简短、清晰地陈述自己的期望，以借机营造一种有利的谈判氛围。如果想要顺利地进行谈判，谈判人员必须从一开始就建立信誉。第一印象往往会影响后续谈判过程。

以非母语进行沟通的谈判人员应尽量依赖视觉辅助工具、印刷材料、样品、可参考的事实和数据等。在这种情况下，那句老话"一图胜千言"再合适不过了。此外，这些谈判人员还应该使用简洁清晰的语言，并经常提出问题，以确保对方能够理解谈判的内容。应避免使用习语、俗语以及多义词。类似地，也不要使用那些可能会引起对方反感的词语。例如，"说实话""我跟你实话实说""我会尽力而为"以及"这不关我的事，但是……"这类语句就传达了一种不信任感，会导致对方更加焦虑，因而可能使对方变得不那么合作。同样，在讨论一个具体议题时，谈判人员应避免给出"没问题"的回答，也不要接受对方的这种回答。谈判人员应该向对方解释自己的意思，也要寻求对方的解释。

此外，谈判人员不应该假定对方已经以自己所希望的方式接收并理解了信息。一个典型的例子就是当一个人回答"是"或"否"时。在一些文化中，"是"（yes）意味着"是的，我明白这个问题"，或者"好的，我会考虑这个问题"，或者"是的，我听到了"。在某些文化环境中，"不"（no）这个词并不常用，而是会被许多表达方式所取代，以便以一种模棱两可或中性的方式来传达信息。

在那些以避免冲突为导向的文化中，谈判人员不太可能遭到对发盘的直接拒绝，而是会得到一些模糊的答复。缺乏经验或毫无准备的谈判人员可能会将这些信息解读为比较积极的信息，或者可能会在这些信息的误导下认为对方尚未准备好谈判或没有权力制定决策。在得到模糊的答复之后，谈判人员应该与对方展开进一步讨论，直到弄清楚问题所在。

➡ 10.1 与跨文化沟通有关的问题

跨文化沟通可能会导致两个问题：知觉偏差和信息处理错误。[2]

10.1.1　知觉偏差

知觉是接收信息的人赋予信息意义的过程。信息接收者往往会根据自身的需求、期望、动机和个人经验形成对对方的某种思维定式，从而导致知觉偏差，如刻板印象、晕轮效应、选择性知觉和投射。

刻板印象

刻板印象是指基于对方所属的特定社会群体而赋予其特定的属性。通常，人们会仅仅根据少量的知觉信息就将一个人归入某个群体，然后推断这个人的其他特征。例如，当你第一次会见对方的谈判人员时，你发现她已年过五十。你马上就会觉得她年纪较大，并认为她保守，倾向于规避风险，也不太可能接受新的做事方式。谈判人员之间的文化差异会显著增强这种刻板印象。

晕轮效应

晕轮效应是指基于对一个人的某一特征的了解而对这个人的许多其他特征进行概括。例如，由于晕轮效应，我们可能会仅仅因为对方谈判人员以我们的母语、按我们的习俗、面带微笑地向我们打招呼，就断定他是一个热情友好、知识渊博、诚实可靠的人。事实上，微笑与诚实与否、知识量以及友好程度之间可能没有任何关系。晕轮效应可能是积极的，也可能是消极的。一个良好的特征会产生积极的晕轮效应，一个不良的特征则会导致消极的晕轮效应。

晕轮效应在谈判中很常见，因为人们往往会基于有限的信息（如外表、群体成员身份以及初始陈述等）快速形成对彼此的印象。因此，着装、问候、姿势、声调、眼神接触等方面都是非常重要的。

选择性知觉

就谈判而言，选择性知觉是指选择那些能够支持自己早期看法的特定信息，而不考虑其他信息。例如，基于最初印象，你断定对方是友好的，并且对你们的文化是敏感的。但是，当天晚些时候，对方讲了一个在你们的文化中不太得体的笑话。根据选择性知觉，你倾向于忽略这个笑话，而只去记住那些能强化你先前看法的信息，也就是说，你仍然会认为对方充分尊重你们的文化价值观。

投射

投射是指用自身的特征来描述另一个人的特征。发生投射是因为人们需要投射自己的自我概念。如果一个人认为诚实地共享事实信息可以促进谈判进程，这个人就会假定对方也有同样的倾向。

10.1.2　信息处理错误

谈判涉及共享信息。谈判人员必须正确处理从对方那里接收到的信息。但是，谈判人员在处理信息时往往会犯一些系统性错误。这些错误或认知偏差会影响谈判人员的表现。下面列出了此类错误的一些例子：

- 承诺的非理性升级（即使所选择的行动方案似乎是非理性的，也要坚持承诺）。
- 凭空认为双方能从谈判中争取到的利益是有限的（假定谈判是一赢一输的零和博弈）。
- 决策过程中的锚定和调整（错误的锚定或标准会导致后续的调整，这会对谈判产生影响）。
- 议题和问题的提出方式（谈判人员对风险和行为的知觉取决于谈判议题的提出方式）。
- 信息的可获得性（所获得的信息可能展示不当，因而导致偏差）。
- 赢家的诅咒（因问题的迅速解决而产生的不适感）。
- 谈判人员过分自信（导致其得到更少或放弃更多）。
- 小数法则（根据有限的经验得出结论）。
- 自利偏差（将自己的错误归咎于不可避免的环境因素）。
- 忽视他人认知的倾向（忽视谈判对方的知觉和想法）。
- 反应性贬值过程（认为谈判对方的让步缺乏价值）。

10.2　改善谈判中的沟通

沟通是谈判的核心。如果沟通中断或扭曲，谈判就会以失败告终。如果沟通过程陷入僵局，谈判双方就很难达成共识。即使双方的目标一致，这种情况也会发生。但是，有一些技巧可以用来改善谈判中的沟通，如倾听、提问、角色互换以及确保理解无误。

10.2.1　倾听

在任何文化背景下，缺乏经验的谈判人员的一个主要弱点是无法仔细倾听对方所说的话。他们的主要关注点通常是陈述自己的情况，然后反驳对方提出的异议。这种做法只能导致一场独角戏，而不是真正的谈判。

一些人认为，优秀的谈判人员会长篇大论并主导谈判以获取最佳结果，但这种看法是错误的。事实上，技巧娴熟的谈判人员会花更多时间倾听和提问，以确保自己能够充分理解对方，而不会自己说个不停。有效倾听的能力是任何商务谈判成功的基础。

优秀的倾听者不仅善于倾听，他们还会思考、分析和评价对方所说的话。他们会倾听对方所说的一切，而不仅仅是对他们来说重要的信息。通过全神贯注地倾听，谈判人员可以获得关于对方的宝贵信息，并最终获得更强大的谈判力。有效的倾听有助于找出在谈判的准备阶段没有考虑到的替代方案和选择方案。例如，通过仔细倾听进口商的需求和关注点，出口商可以调整自己的发盘，并作出能够满足对方要求的重新发盘。

良好的倾听习惯还包括观察对方的肢体语言。一些关于沟通效果的研究表明，在人们通过各种方式接收到的信息中，语言仅占 7％，声音占 38％，肢体语言则占 55％。[3]例如，点头、检查样品、做记录、向前挪动椅子等动作都可以表明人们对对方所说的话很感兴趣。

经验丰富的谈判人员在谈判中会花 50％以上的时间来倾听，并利用剩余时间来陈述和提问。通过运用良好的倾听技巧并提出相关问题，谈判双方更容易达成协议。

倾听可以分为三种类型：消极倾听、回应，以及积极倾听。[4]

● **消极倾听**（passive listening）是指仅仅接收信息而不提供任何反馈。它往往表明一个人对另一个人所说的话完全不感兴趣。

● **回应**（acknowledgment）意味着对所接收的信息有一定的兴趣。回应方式包括点头，保持眼神接触，或者插入一些应答（如"我明白了""有意思""当然""继续说""请继续"等）。这类回应可以鼓励对方继续发送信息。

● **积极倾听**（active listening）是指聚精会神地接收信息，并仔细分析和理解信息的含义。积极倾听的特征包括：更重视听而不是说；对个人感触而不是抽象的观点作出回应（也就是说，回应对方的感觉、看法和立场，而不是抽象的观点）；跟随对方的思路，而不是将对方引向新的话题；弄清楚对方所说的话，而不是将注意力从对方的想法或感觉上转移开；对对方所表达的情感作出回应。

经验丰富的谈判人员都会积极地倾听。这可以鼓励对方更充分地描述自己的感觉、观点以及当务之急。在这一过程中，对方很有可能会表明其立场，这往往会将谈判引向成功。

10.2.2　提问

在国际商务谈判中，最重要的技能之一就是提出适当问题的本领。通过提出相关问题，谈判人员既可以从对方那里获得有价值的信息，又可以检验自己在谈判的准备阶段所作的各种假设。在谈判的准备阶段，谈判人员会收集信息，但并不是所有的数据和事实信息都可以获得。因此，谈判人员需要在谈判过程中对信息加以补充。谈判人员在提出问题时不应旨在炫耀自己对谈判议题有多了解，也不应旨在给对方留下咄咄逼人的印象。这种态度很容易使谈判变成一场独角戏。提问的目的应该是从对方那里获取信息，作出适当的让步，从而努力达成协议。因此，谈判人员应该有选择性地、适时地提出问题。

谈判人员必须事先准备好要提出的问题。例如，在商务谈判的开始阶段，出口商通常会提出发盘。进口商最有可能想要获得更多关于产品规格、售后服务、支付条款、交货日期、数量要求、价格折扣等的详细信息。这些详细信息最好是通过提出一些相关问题来获取。

问题可以大体上分为开放式问题和探究式或条件式问题。**开放式问题**（open questions）可以使谈判对方畅所欲言地描述自己的需求。在这种情况下，倾听对方的回答极为重要，因为谈判人员必须从中整理出基本要素，记下要点，并使用关键信息来提出后续的问题。开放式问题有助于澄清具体议题，寻找细节，获取缺失的信息，以及验证假设。例如，如果买方称产品质量低劣，卖方就应该询问买方采用的是什么标准，并坚持要求具体说明。

出口商在报价后很可能听到的一个典型问题："你方能否提出更优惠的交易条件？"对于这类问题，出口商应该以提出另一个问题来作答，而不是直接让步。例如，出口商在回应时可以要求对方作出澄清，如"更优惠是什么意思？"或"比什么更优惠？"这时，进口商可能会回答说，出口商的一个竞争对手提出了更优惠的交易条件。同样，出口商应该询问有关这些交易条件的更多细节。

谈判人员应该在提问前首先征得对方的同意，尤其是在谈判的开始阶段。如果对方同意谈判人员提出问题，那么对方在回答问题时就会更加合作。征得对方同意还有一个好处是，谈判将以一个肯定的回答开始，这有助于营造一种富有成效的谈判氛围。

在双方提出一系列问题以了解彼此的需求之后，谈判就进入了发盘和还盘的阶段。在这一阶段，双方提出的问题需要从开放式问题转变为**条件式问题**（conditional questions）。这类问题具有探究性，可以用来寻求具体信息，以调整发盘。一些最常用的提问方式包括"如果……那会怎么样？"和"如果……那么……"例如，出口商可以询问："如果我方同意签订一份为期两年的合同，那会怎么样？你方能给我方在你方地区的独家分销权吗？"这个问题可以使一方有机会提出一个发盘，以供对方接受其中一个或多个条件。对方则可以接受该发盘，进行还盘，或者拒绝该发盘。即使发盘被拒绝，发盘方也不会受到任何损害。谈判人员可以继续提出更多有条件的发盘，直到双方达成共识。

图表 10-1 提供了出口商和进口商提出的条件式问题的例子。这些问题说明了谈判一方应如何提出有条件的发盘，同时通过让步要求对方给予回报。对方则可以通过提出自己的条件来进行还盘。有条件的发盘可以推进谈判进程，直到双方达成共识并准备签订协议。

图表 10-1　谈判中的常用问题举例

出口商或供应商的问题
- 你方觉得我方的发盘如何？
- 你方为什么不给我方一个试订单，以亲自检验我方是否有能力生产符合你方规格要求的产品呢？
- 如果你方要求取消罚金条款，那么你方可否接受……
- 如果我方维持去年的价格，那么你方可否在……之前下订单？
- 如果我方保证每周装运，那么你方可否同意……

续表

- 是的，我明白您的意思。但是，你方可否考虑……
- 是的，我方可以满足你方的额外要求。但是，你方是否愿意承担额外费用？

进口商或买方的问题

- 你方可否向我方提供必要的额外信息，以便我们重新考虑你方的发盘？
- 您能告诉我更多关于贵公司制造过程的信息吗？
- 如果我方为你方提供技术方面的协助，那么你方可否同意……
- 如果我方调整我们的规格要求，那么你方可否考虑……
- 你方的确切产能是多少？
- 你方采用的是什么质量保证程序？
- 如果我方同意签订长期合同，那么你方可否……
- 如果我方大批量订购，那么你方的价格是多少？

资料来源：*Adapted from* Claude Cellich, "Communication Skills for Negotiation," *International Trade FORUM*, 3/1997, p. 25.

在拒绝一个发盘时，使用"如果……那会怎么样？"的提问方式是最合适的。通过在回应时提出有条件的还盘，而不是直接拒绝发盘，谈判人员可以为对方提供机会来详细解释其发盘。这种相互发盘和还盘的过程最终会将谈判焦点引向对双方都很重要的议题。

谈判人员应该事先准备好一份关键问题的清单，因为这可以提高谈判效率。这些问题应该是谈判人员经过深思熟虑提出的。通常，向对方提出这些问题的目的是获取当前无法获得的额外信息，并检验谈判人员在制定谈判战略战术时所作的假设。这些问题应包括以下几类：弄清楚什么是可协商的，什么是不可协商的；对谈判对方来说重要的是什么；对方想要达成交易的迫切程度如何；对方的上限和下限是什么。为了获取这些信息，谈判人员必须全面分析己方以及竞争对手的优势和劣势。

10.2.3 角色互换

角色互换技巧是指谈判人员应该从对方的角度考虑谈判的各方面问题。通过运用这种技巧，谈判人员有机会更好地理解对方的立场。例如，谈判对方可能会坚持某些你认为不合理的条款。但通过角色互换，你也许就能理解对方要求这些条款的立场。然后，你就可以提出一个双方都可接受的解决方案，也就是说，调整你方的立场，同时响应对方的需求。通过这种方式，双方各自的立场就可以协调一致，从而最终达成协议。

10.2.4　确保理解无误

在谈判中，有助于谈判人员相互准确理解的技巧包括**重述**（restating）、**改述**（rephrasing）、**重构**（reframing）和**总结**（summarizing）。重述对方的观点有助于双方进行清晰的沟通。通过重新措辞以不同的方式重复主要议题对谈判也大有帮助。例如，谈判人员可以这样来改述其刚刚听到的内容："如果我没理解错的话，您的意思其实是……"通过这种方式，谈判人员就可以用自己的话来表达对谈判对方刚刚所提出的观点的理解。这一技巧既可以用来告知对方你已经接收到其观点，又可以用来确认你所听到的内容。

重构也是可以使谈判回归到主要议题上的一个有用工具。通过重构，谈判人员可以另一种方式重新叙述对方所说的话，从而将谈判焦点重新转移到需要解决的核心议题上。

总结被认为是结束谈判的一个有用工具。总结是指谈判人员用自己的话来概述双方已达成共识的要点，并寻求对方的确认。在整个谈判过程中准确地记录是总结的基础。如果总结的内容准确无误，双方就可以集中精力讨论剩余议题，或者着手敲定协议。此外，进行总结的谈判人员必须认真仔细，实事求是。

➡ 10.3　非语言沟通

非语言沟通是指通过行为而不是语言来表达意思。它包括肢体语言、面部表情、外表、对空间的利用、对时间的利用以及身体接触等。在跨文化谈判中，即使谈判人员一言不发，他们也可以通过外表、面部表情、对时间的利用等非语言沟通方式向对方传达特定信息。对方则会在接收这些信息之后赋予其意义。令人遗憾的是，人们对非语言信息的理解会因文化背景而异。因此，即使并非有意，谈判人员的非语言沟通方式也可能会向对方发出错误的信息，因而会在无意中破坏谈判。因此，谈判人员必须时刻注意自己的非语言暗示，以免将错误或片面的信息传达给对方。毕竟，在社交互动中，$60\%\sim70\%$ 的信息都是通过非语言沟通方式传达的。[5]

图表 10-2 列出了不同类型的非语言行为。所有这些行为都会对谈判产

生影响，下文将对此进行举例说明。

图表 10-2　不同类型的非语言行为

1. 肢体语言：手势、肢体动作、面部动作以及眼神接触。
2. 发出声音（也称副语言）：语调、音量以及说话之外的声音。
3. 身体接触。
4. 对空间的利用。
5. 对时间的利用。
6. 外表：体形和身材、着装以及饰品。
7. 个人物品：与一个人相关的各种物品，如办公室大小、办公家具、个人图书馆以及书籍。

10.3.1　肢体语言

肢体语言因文化背景而异。以下面这段发生在酒店大堂的对话为例。在这段对话中，一位日本商人正在向一个美国人询问酒店情况。

美国人以众所周知的"OK"手势作出了回应。对日本人来说，这一手势表示"钱"的意思，因此日本商人断定这家酒店很贵。一个来自突尼斯的旁观者则认为，美国人是在告诉日本人，他是一个一无是处的流氓并打算杀了他。还有一个法国人无意中听到了这段对话，他认为这家酒店很便宜，因为这个环形手势在法国意味着"零"。[6]

肢体语言的各个方面也因谈判地点而异。以眼神接触为例。在美国，保持眼神接触非常重要，因为这表明一个人对他人所说的话很感兴趣。但是，在日本，除了短暂的眼神接触，任何过多的注视都会被认为是不礼貌的，因为这相当于是在侵犯对方的隐私。

10.3.2　发出声音

在美国，人们在心烦意乱时通常会提高说话的音量。但是，在有些国家，人们在不高兴时会保持长时间的沉默，而不是大声说话。明智的谈判人员应该尽量做出正常的行为，而不应利用发出声音的方式来达到自己的目的。例如，如果谈判人员不习惯通过拍桌子来强调自己的观点，即使听说在对方的文化中这种行为可以用来强调观点，谈判人员也不应该这样做。对谈判人员的最佳建议就是做你自己。

10.3.3　身体接触

在一些文化中，人们很少碰触彼此的身体。但在另一些文化中，身体接触则很常见。例如，在美国，男性之间的身体接触并不常见。但在某些国家，男性之间的握手和拥抱都是表示友谊的动作。在拉丁美洲，熟识的商人经常热情地相互拥抱。但是，这一动作在世界其他地方是少见的。

既然身体接触方式在世界各地大相径庭，那么谈判人员应该怎么做呢？最佳做法就是完全避免身体接触。这样，谈判人员就不会做错事。为了避免陷入身体接触的两难困境，最安全的做法就是仅仅与对方握手。

10.3.4　对空间的利用

在谈判中，空间是指人们在与他人互动时所保持的舒适距离。在世界上的一些地区，如拉丁美洲、意大利、法国和中东地区等，人们在互动时往往会保持比较近的距离。但在美国、德国和日本，人们对比较远的距离会感觉更舒服。此外，对方的年龄、社会地位、性别等因素也会影响舒适距离。[7]

当一个偏好较远舒适距离的人与一个偏好较近舒适距离的人进行互动时，后者往往会不断靠近前者，以缩短双方之间的距离。前者则会不断后退，以保持其感到舒服的距离。这种情况会使双方都感觉非常尴尬。

如果两个谈判人员对舒适距离持有不同的看法，他们应该怎么做呢？经验法则就是让东道主设定距离，让客方适应东道主的文化特征。

10.3.5　对时间的利用

不同文化有着不同的时间观念。在美国，时间被视为一种宝贵的商品。在其他一些国家，时间被视为一种用之不尽的资源，不需要将它分成多个时间段。在这些国家，人们对时间表和截止期限的态度很宽松。今天无法完成的事，可以明天再完成。

在谈判中，时间观念关系到三个方面：守约，遵守谈判议程，花时间处理不相关的事项。越重视时间的人就越倾向于准时开始谈判，喜欢一次讨论一个议题，而不是毫无顺序地从一个议题转向另一个议题，并且不愿意在不相关的事情上浪费时间。不能说哪种时间观念更好，谈判双方应通过相互尊重和理解来适应对方的需要。

10.3.6 外表

每个国家都有相应的商务着装习惯。如果一个人的穿着符合其所属群体的职业习惯，那么这个人的穿着就是得体的。谈判人员可能会期望对方的穿着符合自己国家的文化传统。但事实上，不需要在着装方面进行任何调整。谈判双方都应尊重对方的穿着方式。不是所有的人都一样。人们的穿着方式不同，在外表方面也有不同的风俗习惯。

10.3.7 个人物品

在美国，顶层的大型角落办公室可以象征社会地位。这种社会地位的象征在其他文化中也很常见。客方不应对东道主的个人物品有批评之辞。谈判人员可以对自己熟悉的事物作出正面评价，否则就应该忽略那些容易引起麻烦的物品。例如，如果谈判人员认为对方办公室墙上的一幅画品位不佳，就应该忽略它，而不应基于这幅画来评价对方。

➡ 10.4 小 结

谈判离不开沟通。谈判过程中的沟通可以发生在两个层面上：逻辑层面（比如一个具体的报价）和语用层面（比如语义、语法和语言风格）。如果双方谈判人员的文化背景不同，即使使用同一种语言，他们之间的沟通也会非常复杂。

跨文化沟通会导致两个问题：知觉偏差（即信息接收者赋予信息意义）和信息处理错误（如保持承诺的非理性升级，将谈判视为零和博弈，使用错误的标准等）。为了解决这些问题，谈判双方可以运用以下技巧：倾听、提问、角色互换以及确保理解无误。倾听分为三种类型：消极倾听、回应和积极倾听。优秀的谈判人员应该积极地倾听。通过提出相关问题，谈判人员可以获得有价值的信息。这些问题分为开放式问题和探究式或条件式问题。在谈判过程中，这两类问题各有用处，这取决于所寻求的信息类型。角色互换是指谈判人员应该从对方的角度考虑谈判的各方面问题，这有助于谈判人员更好地理解对方的立场。此外，为了在谈判中能够准确地相互理解，双方还应该运用以下技巧：重述、改述、重构和总结。

　　在跨文化谈判中，非语言沟通同样非常重要。即使谈判人员一言不发，他们也可以通过外表、面部表情、对时间和空间的利用以及身体接触等方式向对方传达特定信息。非语言沟通途径包括以下类型：肢体语言，发出声音，身体接触，对空间和时间的利用，外表，以及个人物品。谈判人员应该控制自己的各类非语言行为，以便向对方传达正确的信息。

注释 //////////////////////////

[1]　Rudd and Lawson (2007), chaps. 4 and 6.

[2]　Discussion in this chapter draws heavily from Lewicki, Saunders, and Minton (1993).

[3]　Moran, Harris, and Moran (2011), pp. 52–54.

[4]　Lewicki, Saunders, and Minton (1997), pp. 124–127.

[5]　Hendon, Hendon, and Herbig (1996), pp. 63–64.

[6]　Kublin (1995), pp. 119–125.

[7]　Klopf (1991), p. 197.

第 11 章

谈判力的秘诀

决不因畏惧而谈判，但也决不畏惧谈判。

——约翰·肯尼迪（John F. Kennedy）

前面简要讨论了各种形式的谈判力以及这些谈判力对谈判的影响。本章进一步探讨谈判力这一主题。

➡ 11.1 谈判力的来源

谈判力与知觉密切相关。谈判人员的谈判力既是真实存在的，又是可以被感知到的，但重要的是他人如何看待这个谈判人员。如果对方认为这个谈判人员有谈判力，那么这个谈判人员就会在谈判中占据强势地位。人们普遍认为，那些具有领导魅力或来自大型企业的谈判人员往往具有强大的谈判力。这一观点是基于以下假设：鉴于这些谈判人员的职业地位，或者由于他们来自大型公司，他们有能力实现其目标，而这往往是以对方的损失为代价的。但是，事实可能并非如此。通常，在谈判前做好充分准备的一方最有可能取得最佳结果。成功的谈判人员会基于充分的准备工作以及出色的沟通技巧来提高自己的谈判力，而不是仅仅依赖职权。

虽然熟练的谈判人员既会依赖职权，又会依赖个人谈判力，但在准备谈判、与对方互动以及达成协议的过程中，他们往往更注重个人谈判力。[1]下文将讨论个人谈判力的各种来源。个人谈判力的核心是：

● 信息和专业知识——提供信息以证明自己的观点，或者基于专门的技能、知识或经验来说服对方接受自己的观点。

● 对资源的控制——通过控制生产要素来影响对方。

● 在组织中所处的位置——利用自己在组织中的职位来迫使对方与自己达成共识。

11.1.1　了解商务活动的方方面面是谈判力

如果谈判人员对公司业务和行业状况了如指掌，并且能在谈判议题上展示出专业知识，就可以树立一种谈判力很强的形象。由于在全球范围内开展商务活动变得越来越复杂，谈判人员只有掌握各个方面的情况才能获得谈判力。如果谈判人员对某些方面不甚了解，则可以邀请其他工作人员参与谈判，或者请他们提前提供一份关于关键议题的简报。互联网和移动电话的普及使谈判人员能够随时与公司专家取得联系，而不会产生差旅费用。如果谈判人员不具备某个领域的专业知识，则可以在谈判期间聘请顾问。重要的是，必须确保在谈判过程中能够随时获得这些专业知识。谈判人员适时地展示专业知识不仅有助于实现自己的目标，还有助于提高声誉并赢得对方的尊重。谈判人员所展示出的专业知识越丰富，对方就会认为该谈判人员的谈判力越强。[2]但是，过度展示可能会适得其反。

11.1.2　了解谈判对方是谈判力

充分了解对方的情况可以提高谈判人员的谈判力。谈判人员对谈判对方的利益所在、动机、谈判风格以及当务之急了解得越多，其谈判力就越强。

优秀的谈判人员在制定谈判策略时会从对方的角度思考问题。如果与同一方打交道已经有一段时间了，那么谈判人员就会对谈判的预期结果有相当准确的判断。但是，即使在这种情况下，也应该考虑自上次谈判以来所发生的种种变化。例如，如果一个新的竞争对手进入了市场并获得了快速发展，或者即将出台的新的安全标准可能会影响产品需求，那么谈判人员就应该修正自己的谈判策略。

第一次与一个新的对方谈判时，谈判任务会更艰巨、更耗时，风险也会更大。鉴于获取可靠信息的种种困难，谈判人员应该在谈判的准备阶段作出一些假设，并在谈判的开始阶段检验这些假设。检验这些假设的最佳方法就是将它们转化为问题，并在谈判中向对方提出。如果谈判人员发现先前的假设是错误的，就应该请求休会，以调整自己的谈判计划。

了解对方意味着谈判人员非常清楚对方的谈判风格，以及对方是任务导向还是关系导向。基于充分的准备工作，谈判人员能够在一定程度上预测对方可能会采用的谈判风格。例如，如果对方以关系为导向，谈判人员就可以预期对方将会采取适应性策略以及不具威胁性的行动。当然，谈判对方很可能将两种风格结合使用。如果对方的谈判风格与自己存在显著差异，那么谈判人员就需要调整战略并制定适当的策略，以找到实现己方目标的最佳方法。这些提前做好的基础工作能够增强谈判人员的谈判力。

11.1.3 了解竞争状况是谈判力

了解竞争状况是谈判准备工作的关键。除非谈判人员对己方以及竞争对手的优势和劣势有深入的了解，否则就不具备强大的谈判力。基于对这些竞争状况的了解，谈判人员就可以制定适当的策略，以保护自己的利益并优化自己的目标。

如果谈判人员对竞争对手的了解有限，那么谈判对方仅以一句"我方可以从你方的竞争对手那里得到更有利的交易条件"就足以将谈判人员置于守势。如果谈判人员做了充分的准备工作，就可以使用一些有效证据来证明自己的观点，从而消除这种威胁。否则，由于不清楚竞争对手的实际发盘条件，谈判人员可能会迫于竞争压力而作出让步。更糟糕的是，谈判人员甚至会在得不到任何回报的情况下就开始作出不必要的让步。

作为谈判准备工作的一部分，谈判人员必须弄清楚对方的计划是只与己方谈判，还是也与己方的竞争对手谈判。如果对方计划同时与多方进行谈判，那么谈判人员必须决定是否参与其中。如果谈判人员对谈判充满信心，就应该投入所有资源做好充分的准备工作，否则就应该退出谈判。为了避免对方将己方与己方的竞争对手进行比较，谈判人员必须作出最佳发盘，以将己方公司与竞争对手区分开来。事实上，当谈判人员对竞争对手的了解多于对方对竞争对手的了解，并且谈判人员对竞争对手的了解多于竞争对手对己方的了解时，他们就可以在谈判中占主导地位。

了解市场竞争状况对实现最佳结果至关重要。虽然充分掌握信息是一种谈判力，但了解己方与竞争对手的对比情况可以使谈判人员获得"额外的"谈判力。

11.1.4　制订选择方案和替代方案是谈判力

在谈判前准备好一套替代方案可以赋予谈判人员谈判力。如果多家公司都有兴趣与己方公司做生意，那么谈判人员就会在谈判中占据强势地位。即使你的替代方案存在不足之处，只要谈判对方不清楚其优劣，那么这些替代方案也足以赋予你谈判力。[3]

制订选择方案也是一种谈判力，因为它可以增加谈判人员满足双方利益的机会。在制订选择方案时，谈判人员可以考虑多种可能性，比如修改设计、改变包装、变更支付条款、提前交货、提高质量、延长保修期，以及变更有关协议履行的条款等。谈判人员制订的选择方案和替代方案越多，双方达成互惠互利结果的机会就越大。

11.1.5　制定议程是谈判力

制定谈判议程的一方会自然而然地获得谈判力。因此，经验丰富的谈判人员往往会主动请缨制定议程。通过这样做，谈判人员可以确保自己的利益能够得到充分满足。仔细查看拟定的议程至关重要，因为它提供了以下有用信息：会议时间、会议地点、参会人员以及谈判议题等。议题的顺序表明了制定议程的一方赋予它们的相对重要性。如果谈判人员收到对方拟定的议程，并需要予以确认或补充，那么即使议程草案是可接受的，谈判人员也应该要求修改。通过坚持对议程作出修改，谈判人员就可以真正参与到谈判中，从而获得宝贵的谈判力。谈判人员在查看对方拟定的议程时要格外仔细，因为议程上未提及的内容往往比已提及的内容更为重要。

11.1.6　在主场谈判是谈判力

谈判力是指影响谈判对方的能力，而影响对方的最佳地点就是谈判人员的主场。因此，成功的谈判人员往往会提议在其主场进行谈判。在熟悉的地点进行谈判有很多优势，尤其是在开展全球商务时。其主要好处在于，主场谈判人员能够控制后勤情况（如选择房间、安排座位，以及对预期干扰进行监控等），可以随时与公司员工和专家取得联系，还可以随时查阅公司文件。此外，谈判人员不需要前往陌生的环境工作，因此不必遭受倒时差之苦或其他不适。在主场进行谈判时，谈判人员也有机会向对方展示己方公司的设施。

遗憾的是，中小型企业的谈判人员在进行谈判时并没有充分利用自身的这种谈判力。由于差旅预算和工作人员有限，这些企业应该邀请国外的谈判方来访，并提议在自身所在地进行谈判。通过提供预订酒店、协助办理签证、安排社会文化活动等服务，这些企业能够在谈判中占据主导地位，从而影响谈判进程并控制谈判环境。

当谈判双方决定在一个中立地点进行谈判时，所选地点应该是真正中立的。例如，如果谈判对方在此地设有子公司，该地点就不是中立的。

11.1.7　谈判时间充裕以及设定谈判截止期限是谈判力

有时间制订谈判计划并与对方周旋的谈判人员可以获得宝贵的谈判力。如果一方的时间有限，但另一方的时间充裕，那么这种谈判力会变得更强大。谈判确实需要大量的准备时间和面对面的讨论时间。当谈判时间受限时，谈判人员可能就会试图跳过谈判的前几步，并急于作出让步，以加快谈判进程。在这种情况下，谈判人员就无法确定对方的真正需求（包括其当务之急），也无法建立融洽的关系。相反，不受时间限制的谈判人员往往会很有耐心，喜欢保持沉默，听取对方的发盘，接受对方的让步，让时间一点点地流逝。因此，时间充裕的谈判人员能够获得初始信息，作出较少的让步，并最终控制谈判过程。

如果在谈判所处的文化背景中，时间观念和时间价值有别于谈判人员的文化背景，那么留出适当的时间来达成协议就变得至关重要。同样，与常规交易相比，复杂的谈判或重要的交易也需要耗费更多时间。

　　优秀的谈判人员公认的一条黄金准则是：如果你没有充裕的谈判时间，就不应该进行谈判；否则，你就无异于将谈判力拱手让给对方，这样的谈判也会有损你方利益。但是，一方面，谈判人员可以根据自己的时间要求设定谈判的截止期限，并征求对方的同意，以提高自身的谈判力。另一方面，如果谈判人员认为对方所建议的截止期限无法满足自己的时间要求，就应该要求延时。如果对方拒绝延时，谈判人员则应要求对方说明原因。如果谈判人员对谈判对方的解释不满意，就应该坚持按照己方可接受的日期和时长重新制定谈判的时间表。如果对方拒绝更改时间表或无法给出令人满意的答复，谈判人员则应重新评估自己的谈判策略，或者另寻他方进行交易。如果谈判人员同意在紧迫的截止期限内进行谈判以满足对方的时间要求，那么实际上就是在将谈判力拱手让给对方。

11.1.8　倾听是谈判力

　　谈判实质上就是双方或多方之间的信息交换，因此具有出色沟通技巧的一方会获得谈判力。经验表明，大多数谈判失败的原因是沟通不畅，尤其是没有积极并持续地倾听。倾听可以赋予谈判人员强大的谈判力。[4]在谈判中最重要的是，谈判人员要让对方知道自己正在仔细倾听。一旦对方意识到这一点，就会开始注意该谈判人员要说的话。事实上，优秀的倾听者会通过提问、改述、重构、回应、观察肢体语言、注意话语背后的情感等方式，向对方发出信号，表明自己对对方所说的内容很感兴趣。成功的谈判人员会避免使用否定表达，因为这些否定表达很可能导致谈判破裂。只有通过相互理解并交换信息，双方才能将谈判进行到最后阶段。

　　优秀的倾听者也清楚沉默的力量。有时，谈判人员说得越少，从对方那里获得的谈判力就越大。在提出问题时，谈判人员必须给对方留出足够的时间来思考如何作答。

　　通过提高倾听技巧，你可以在谈判中占据优势地位，以全面探索如何最好地实现互惠互利的谈判结果。[5]值得记住的是：倾听使双方密切合作，争论使双方分道扬镳。因此，优秀的谈判人员大部分时间都在专心倾听并做记录，而不太成功的谈判人员则大部分时间都在说话。当谈判人员一边倾听一边微笑，让对方感觉良好时，其沟通能力就会更加有效。

11.1.9　了解底线是谈判力

经常被低估和误解的一种谈判力就是退出谈判的力量。是否退出谈判取决于谈判人员的抗拒点或底线。换句话说，对谈判人员来说，谈判是有限度的，超过这个限度就不值得继续谈判。底线必须基于对实际成本以及机会成本的全面计算而得出。如果谈判人员了解自己的底线，并已备好替代方案，其谈判力就会更强。遗憾的是，来自小型企业的谈判人员并没有充分利用这种谈判力，因为他们不愿意花时间发掘自己的谈判底线和替代方案。不清楚自己底线的谈判人员只能在谈判中处于弱势地位，这可能会导致其接受一些从长远来看是无利可图的谈判结果。

11.1.10　决策/承诺是谈判力

经常被忽视的一种谈判力就是承诺的力量。在与大型企业谈判时，这种谈判力无疑是一种优势。随着全球竞争的加剧，对供应商依赖程度的提高，以及即时管理的普及，有权在最后一刻作出承诺的谈判人员更有可能赢得交易。相比之下，来自大型企业的谈判人员（除了那些在与小型企业交易时过于自信的谈判人员）可能权力有限，需要事先获得高层管理人员的批准才能作出承诺。而那些不受上级主管或委员会限制的小型企业的谈判人员往往会获得一种优势，因为参与决策的人越多（无论是直接参与还是间接参与），决策所需时间就越长。这种决策拖延不仅会减慢谈判进程，而且会导致重新谈判、重新发盘、要求更多让步，或者使新的谈判方加入谈判。

在谈判的结束阶段，有权作出承诺是至关重要的。能够当场作出决策或承诺的谈判方就可以获得谈判力。如果在谈判所处的文化背景中，快速决策与成功的管理绩效密切相关，那么有权作出承诺的谈判人员很可能就会在谈判中占据主导地位。

➡ 11.2　小　结

每个谈判人员都可以掌握大多数类型的谈判力。如果谈判人员做好充分

的准备工作，并充满信心地开始谈判，就可以实现更有利的谈判结果。此
外，如果谈判人员准备充分，还可以赢得对方的尊重，并获得额外的谈判
力。谈判是否成功在很大程度上取决于准备工作是否充分，因此，宁可准备
得过于充分，也绝不能准备不足或过于自信。

注释 ////////////////////////

[1] Habeeb (1988).
[2] Banks (1987), pp. 67–75.
[3] Berten, Kimura, and Zartman (1999).
[4] Cross (1996), pp. 153–178.
[5] Druckman (1983).

第12章

管理谈判团队

> 通过发掘有利于双方的创造性解决方案，团队可以提高谈判的整体
> 质量。
>
> ——布罗特（S. Brodt）

国际谈判本质上是非常复杂的，需要投入多功能和多元文化的团队。管理这样的团队很困难，因为团队成员的利益、当务之急以及价值观等各不相同。尽管存在这样的困难，但由于利益、当务之急、解决方案等方面的信息交换更频繁，谈判团队往往比个体谈判人员更容易达成整合性协议。[1]通常，与个体谈判人员相比，团队可以更有效地进行谈判。使用团队而不是个人进行谈判有很多好处。下面列出了谈判团队的一些优势：

- 团队在处理特定问题/技术问题方面具有更丰富的专业知识。
- 团队可以制订更多的选择方案/替代方案。
- 团队可以增加信息交换。
- 团队可以作出更高水平的承诺。
- 团队更有能力影响/说服对方。

虽然谈判团队被认为是更有效的，但有时其优势也会受到负面影响。团队面临的一些潜在问题包括：

- 团队成员之间缺乏协调。
- 对团队成员的选择不当。
- 准备时间不足。
- 与个人的时间表冲突。
- 团队负责人不受成员尊重。

对于需要大量专家参与的谈判，最好将他们分成组、子组或任务组，以处理特定问题/技术问题。

尽管如此，如果团队的一些问题得不到解决，可能就会导致谈判结果不佳。为了消除个人利益冲突，使每个人都参与进来并致力于后续工作，在准备阶段开展内部谈判是至关重要的。团队成员之间的共识点越多，就越容易建立协调一致的团队。例如，在一个多功能团队中，生产专家主要对制造过程感兴趣；财务专家关心的是成本、支付条款以及投资回报；营销主管想要讨论促销活动；采购经理关注的是如何获得最低价格；法律顾问想要讨论协议条款；首席谈判人员则希望达成能够满足组织目标的交易。在与谈判对方会面之前，团队负责人必须将这些相互冲突的利益需求纳入一种富有凝聚力的策略，因为存在分歧的团队无法成功地进行谈判。此外，纪律和凝聚力是管理谈判团队的关键。换句话说，首席谈判人员可以被比作乐队指挥。必须根据一套准则预先计划团队中每个成员的投入，并观察他们各自所发挥的作用，以建立一个协调一致的团队。

12.1　团队准备工作

内部谈判往往是在准备阶段进行的，通常比外部谈判要求更高、压力更大、耗时更久，因为被选中参加谈判的人可能有个人的时间安排，可能有利益冲突，或者可能完全反对谈判。事实上，团队面临的最大挑战之一就是内部冲突或成员的无纪律行为。准备会议非常值得投入时间、金钱和人员，因为它们可以确保管理人员亲自参与对相关风险的计划和评估，以及对个人绩效的评价。成员之间具有共同目标的团队最适合进行常规谈判，成员的背景和经验存在差异的团队则更适合进行专门的谈判。此外，如果有必要重新考虑团队组成或者进行谈判演练，内部会议就提供了极好的机会。虽然进行演练以及角色扮演非常耗时，但首席谈判人员可以借此机会解决内部冲突，并确定每个成员的最佳角色。最后，这些会议还有助于解释谈判的战略战术和当务之急，以及每个成员何时需要作出贡献，何时不需要。

一旦整个团队在谈判策略上达成共识，团队负责人就会为每个成员分配特定的角色和任务，以充分利用其个人能力。换句话说，每个成员都应该对其角色负责。此外，如果团队成员不仅可以参与计划和准备阶段，还可以参与策略制定以及决策过程，那么他们往往更愿意承担责任。团队负责人必须决定团队成员何时应该进行干预，何时应该保持沉默。对专家成员来说，这一点尤为重要，因为他们往往会提供不必要的详细信息。对团队负责人来说，控制团队成员的个人利益绝非易事，尤其是当某个成员越界时。通常，想要给同事留下深刻印象或突出其个人角色的成员，可能会在谈判中咄咄逼人，并倾向于低估对方的让步。例如，在谈判过程中，生产工程师同意提前交货以满足对方的要求，却没有考虑相关的额外费用。在这种情况下，首席谈判人员必须谨慎地进行干预，以重新控制谈判。此外，团队不得在谈判桌上表现出任何内部分歧，因为这会使对方有机会利用这一弱点。

为了避免谈判策略的失败，保持团队纪律是必要的。[2] 但是，如果团队负责人在处理关键议题时忽视了团队成员的意见或没有向他们咨询，可能就需要打破团队纪律。例如，在来自传统文化背景的两方谈判人员之间的谈判过程中，一方的团队负责人被问及订购 8 万件金属门把手的最终价格是多少。他毫不犹豫地表示，价格为每件 2.49 美元，而实际上保留价格为 2.94美元。该发盘立即被对方接受了。虽然团队成员意识到了这一错误，但他们不想干预，以免在对方面前使自己的负责人难堪，因为具有权威的谈判人员不喜欢自己的判断受到质疑。由于调换了两个数字，该公司在这笔订单上损失了 3.6 万美元，其原因是这个团队负责人既缺乏耐心，又没有依赖团队的专业知识。在谈判中，一旦作出让步或承诺，就不可能在不损害个人信誉的情况下将其撤回。[3]

12.2　团队组成

如何选择团队负责人以及团队成员是至关重要的，必须非常谨慎地进行选择。在任何谈判中，首席谈判人员都必须被赋予明确的权力以及必要的资源，以便以最佳方式进行谈判。为了有效地发挥作用，团队负责人需要表现

出领导能力和决策技巧，并对他人的文化背景具有敏感性。为了保持与对方
首席谈判人员的良好合作关系，团队负责人最好让技术人员处理那些容易损
害双方关系的问题。在整个谈判过程中，团队负责人应该将精力集中在总体
战略上，同时通过说服与合作强调对方所能获得的利益。

　　如果对方的团队成员包括多名工程师以及仅仅一两名财务分析人员，这
就意味着谈判的主要议题将是技术问题。类似地，如果对方派出了高级管理
人员，则表明他们对谈判非常重视。在具有传统文化背景的国家，派出初级
人员与对方的高级管理人员谈判可能会导致谈判破裂，因为这表明对对方的
身份地位缺乏尊重。由此可见，管理谈判团队是一项艰巨的任务，特别是在
异国他乡以及不同的文化背景中进行谈判时。图表 12-1 列出了首席谈判人
员的一些主要职责和特质。

图表 12-1　首席谈判人员的主要职责和特质

- 表现出强大的领导能力。
- 在整个谈判过程中向所有的利益相关者咨询。
- 充满信心，并能够获得高级管理人员的支持。
- 参与战略制定。
- 确保能够查阅公司的数据库。
- 专注于公司目标，而不是个性或个人目标。
- 为团队中的每个成员分配特定的角色/任务。
- 在对方面前展示出一个协调一致的团队。
- 在远离谈判桌的地方解决内部分歧。
- 培养高度忠诚的团队成员。
- 在与对方会面之前，组织一次或多次演练。
- 鼓励团队达成共识并解决问题。
- 向团队成员明确传达战略战术。
- 懂得如何控制自己的情绪。
- 尊重其他文化的价值观。
- 对他人的观点表现出耐心和理解。
- 在异国他乡也能很好地工作。
- 在压力下也能作出明智的决策。
- 能够在不断变化的环境中表现出灵活性。
- 对谈判对方的观点持开放态度。
- 愿意承担预期风险。

　　就团队规模而言，最好将团队限制在 5～10 名成员，以实现最大效率。
众所周知，大型团队很难管理，效率也较低。[4] 对于需要 10 名以上成员的复
杂谈判，最好设立子团队，每个子团队负责特定的议题。控制大型团队规模
的另外一种做法是，只在需要时依靠专家（内部专家或外部专家），或者让

那些具有非首要专业知识的人员暂时"待命"。为了优化专家的投入，只有在需要其专业知识时，他们才应该参与谈判，以免他们干预其能力可及之外的领域，因为这可能会损害公司的谈判利益。自负、脾气暴躁或特立独行的专家不应该纳入谈判团队。对于需要大量专家参与的谈判，最好将他们分成组、子组或任务组，以处理特定问题/技术问题。

派出大型团队可能会导致决策拖延，引起成员之间的分歧，谈判对方也会有更多机会发现成员的弱点。团队管理还有一个重要方面是，所有团队成员必须同声共气、共同进退。

当谈判一方需要暂停谈判，以准备重新发盘或根据新信息重新考虑其谈判策略时，建议使用技术委员会。

12.3 安全问题

在进行国际交易谈判时，尤其是在海外进行谈判时，必须考虑一些安全问题，尽管这适用于任何谈判。不应将手写的笔记、信息、发盘、还盘以及背景文件等遗留在谈判现场或扔在垃圾桶里。需要特别注意的是，不要将文件落在复印机里，也不要将作废的复印件扔在旁边的废纸篓里。虽然许多公司都备有碎纸机来销毁文件，但它们并不是随时可以使用的。如果需要复印文件，应在远离谈判现场的地方打印，以免不慎泄露信息。不得将机密文件带到谈判会议上，除非绝对必要。如果文件对谈判至关重要，则必须由团队负责人携带。这样做可以确保谈判人员不泄露信息。此外，所有这些记录都为未来谈判提供了有用的参考资料，因此应该存入公司数据库。

出国谈判可能需要办理签证，这往往既困难又耗时。在一些国家，只有在发出邀请后才会发放签证，这会使来访的谈判方处于相对弱势的地位。由于签证日期或航班座位问题，可能无法更改出发日期。有时，信息泄露可能会发生在谈判现场之外的地方。例如，一家西方公司正在与另一大洲的一家公司进行一项重要交易的谈判。在几次会议之后，这家西方公司开始怀疑一些机密信息被泄露给了对方。为了确定泄露源，这家公司在其总部和谈判地点都进行了安全检查。调查未发现任何安全漏洞，但信息不断泄露，因此需要进行进一步调查。凭借一点儿运气，调查人员最终发现，在 10 小时的飞行中，该公司的谈判人员与旁边的乘客进行了交谈。但谈判人员不知道的是，对方根据自己获得的情报预订了与他们相邻的座位。通过安排几个人搭乘该航班，对方收集到了足够的信息来破解该公司即将采取的谈判策略。为了避免信息泄露，首席谈判人员应确保不让任何成员与对方的团队独处。

12.4　谈判地点

谈判地点会影响谈判结果。因此，双方可能都倾向于在自己的环境中进行谈判，以受益于"主场"优势。在主场谈判有以下好处：

- 可以选择谈判场所，可以安排座位，还便于后勤工作。
- 可以随时与公司员工和专家取得联系，还可以随时查阅公司文件。
- 可以向对方展示公司的设施和办公楼。
- 可以控制谈判的时间表和议程。
- 免受截止期限的压力。
- 可以节省差旅费用。
- 免受倒时差之苦。
- 可以获得心理优势。

有时，尤其是在考虑与位于另一个国家的一家新客户开展业务时，在对方的环境中进行谈判是有利的，因为谈判人员可以借此机会考察对方公司的声誉、设施以及运营方式。例如，一家木制家具制造商将大部分产品出口到几个主要市场，并在国外享有较好的声誉。但是，这家企业的老板因与员工和管理人员关系不融洽而声名不佳。一天，当这个老板在国外参加商品交易会时，工厂被大火完全烧毁了。因此，买方不得不在最后一刻寻找其他货源。如果谈判当初是在该出口商所在地进行的，买方就会对这个老板有不同的看法，可能就会拒绝与他做生意。

如果双方同意在一个中立地点进行谈判，那么至关重要的是，该地点必须是真正中立的。例如，如果一方谈判人员曾经在所选地点居住过，或者会说当地的语言，或者该公司在当地设有办事处，那么该地点还是真正中立的吗？当一方建议某个谈判地点时，最好确保对方在此地没有隐秘的议程安排，也不占据任何不公平的优势。中小型企业可以提议在附近的酒店与对方会面，以获得适当的空间进行谈判。虽然酒店可能是一种更合适的谈判地点，但对方应确保所选地点不会为任何一方带来不公平的优势。无论谈判地点选在哪里，首席谈判人员都应在谈判期间努力营造一种积极的氛围。

➡ 12.5　谈判时间

除了选择首席谈判人员、团队成员以及谈判地点，确定最适当的谈判时间同样重要，尤其是在跨文化背景下进行谈判时。日期的意义可能会因文化而异。例如，建议在公司成立纪念日或首席执行官的生日那天开始谈判，可以传递一种积极的信息。类似地，在特定日期举行谈判被认为会带来好运，而其他某些日期可能具有负面含义。在许多文化中，一年中的某些日子被认为是启动谈判或签订协议的吉祥日。

例如，在许多西方国家，数字 7 被视为幸运数字。因此，提议在当月 7 号开始谈判可能会被认为是有利的。在这些文化中，要避免在 13 号进行谈判，尤其是如果这一天是星期五的话，因为人们一般认为这个日子会带来坏运气。在俄罗斯，人们认为幸运数字是 6。在中国，数字 8 被认为是极其幸运的，因为它的发音在中文中意味着财富与繁荣。在韩国和越南，4 被认为是不吉利的。而在日本，4 和 9 代表着厄运。此外，有一些宗教节日被看作假期，在这些日子里生意会暂停。由于对数字的重视程度因文化而异，因此团队成员的数量与对方文化中的幸运数字相对应是同样重要的。对定价来说也是如此，最好将最后一位数字四舍五入，使其变成该文化中的幸运数字。

➡ 12.6　小　结

首席谈判人员如何管理团队会影响谈判的成败。谈判带来的压力很大，尤其是国际商务谈判，因为谈判人员必须具备多个领域的专业知识。管理谈判人员需要严格挑选团队成员。为了有效地发挥作用，首席谈判人员必须被赋予明确的权力，能够获得高级管理人员的充分支持，展示出领导能力，维持团队纪律，并控制整个谈判过程。在与对方会面之前进行内部谈判对实现预期目标是至关重要的。对首席谈判人员来说，应避免的一种最糟糕的情况就是，与自己的团队以及谈判对方的团队同时进行谈判。在进行复杂的国际商务谈判时，与其他公司相比，那些拥有多元文化和多功能的谈判团队以及强大的团队负责人的公司才是具有竞争优势的。

　　在完成谈判后，团队负责人应向所有将会参与协议履行的人员详细解释该协议。这才是真正检验谈判结果的时候，因为协议履行人员可能会发现，谈判人员为了达成协议作出了太多让步，从而导致了履行过程中的一些潜在问题。大多数问题都会在这个阶段出现。问题与日益醇香的美酒佳酿不一样，它们不会随着时间的推移自行解决。最后，正是团队的谈判方式将其与竞争对手区分开来，并为发展个人关系以及商务合作关系提供了新的可能性。

注释 ///////////////////////

[1]　Thompson (1998).

[2]　Brett, Friedman and Behfar (2009).

[3]　Mannix (2005).

[4]　Kramer (2001).

第13章

开发组织的谈判能力

谈判是组织的一种核心能力。

——哈勒姆·莫维斯（Hallam Movius）

劳伦斯·萨斯坎德（Lawrence Susskind）

商业交易谈判变得越来越复杂精妙，需要采用一种制度化的谈判思维。为了避免谈判结果造成不必要的困难，谈判人员会采用整合性的制度化谈判方法，而不是临时的、短期的、个案分析的方法。在过去的十年中，如何提高组织谈判能力的效率一直是一个研究课题。[1] 随着谈判的要求越来越高，能够利用内部的组织文化与能力的谈判人员可以限制谈判的风险，同时实现互惠互利的结果。

为了创建、发展和保持组织的谈判文化，管理层的承诺至关重要。虽然管理层有意开发本企业的组织谈判能力，但谈判人员倾向于主要根据竞争策略采用临时的谈判风格，而不是制度化的方法。如果不考虑整体利益，这些公司可能会在协议的履行阶段遇到困难，从而导致问题不断、成本增加以及利润下降。成功的谈判不仅体现于出色的准备工作，还体现于协议的顺利履行。

为了取得良好的、可持续的结果，谈判人员会采取长远的眼光，并通过关注共同/互补利益增加谈判议题的数量。在大多数谈判中，决策既基于有形利益（经济所得），又基于无形利益（非经济所得）。最近，无形利益变得越来越有价值，尤其是在知识型行业、竞争激烈的市场以及传统文化中，因为它们决定了是否可以达成交易。在大多数关系导向型文化中，谈判人员可能愿意承担商业风险，但不愿意承担破坏关系的风险。如果谈判人员与对方此前并没有建立任何关系，他们就可以依赖中介机构的服务。

如上所述，曾经被视为一种自发活动的谈判正在转而被视为集体性的协调工作。这对于那些在新兴经济体开展业务的企业尤其有利，因为在这些经济体中，过去的经验、诚信和人际关系在达成协议方面发挥着主导作用。采取制度化方法需要所有的利益相关者在整个谈判过程中（包括谈判后的协议履行阶段）作出充分承诺。

2009 年，英国荷士卫国际公司（Huthwaite International）和国际合同与商务管理协会（International Association for Contract and Commercial Management，IACCM）对全球大型组织进行的一项基准研究显示，80％的受访公司没有正式的谈判程序。此外，只有一半的公司拥有交叉型组织联系系统，近3/4 的公司没有谈判规划工具。在获得高层管理人员的批准方面，只有不到50％的公司将其正式化。就培训而言，只有 1/3 的公司为其员工提供了某种培训或再培训，并且大部分是一般性的培训。但是，有效的培训必须能够反映员工需求，与公司目标相关联，同时还要考虑到公司所处的竞争环境。

在衡量谈判绩效方面，超过 80％的公司没有既定的评估程序。此外，该调查发现，那些建立了组织谈判能力的公司的净收入显著提高，而那些没有正式谈判程序的公司的盈利能力有所下降。图表 13 - 1 展示了公司已建立组织谈判能力的一些领域。

上述研究结果表明，能够利用组织谈判能力的商务谈判人员可以实现更有利的结果。换句话说，谈判不仅是一种个人能力，也是一种组织能力。[2]员工流动率高或处于瞬息万变且竞争激烈的商业环境中的组织将受益于内部谈判文化与能力。

13.1　谈判过程比较

为了突出临时谈判与制度化谈判之间的主要区别，图表 13 - 2 在设定

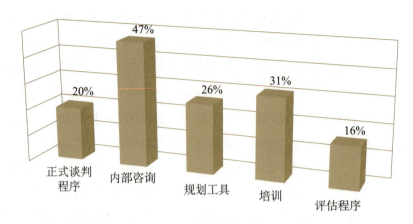

图表 13 - 1　具有组织谈判能力的公司

资料来源：Adapted from "Improving Corporate Negotiation Performance: a Benchmark Study of the World's Largest Organizations", *Huthwaite International & International Association for Contract and Commercial Management*, 2009, UK.

目标、准备工作、互动以及谈判后/履行阶段等方面对这两种方法进行了比较。

图表 13 - 2　临时谈判与制度化谈判的比较

谈判过程	临时方法	制度化方法
设定目标	根据具体情况临时制定目标	旨在优化公司利益
准备工作	分配的时间不足	时间充裕
	可用的信息有限	可查询内部数据库
	基于个人能力	基于组织能力
	临时选择团队成员	根据资格选择团队成员
	只考虑自身利益和有形议题	考虑共同/互补利益（包括有形议题与无形议题）
	团队几乎没有时间演练	团队可以进行演练，以排除任何意想不到的议题或内部冲突
	考虑的议题数量有限	可以制订多种选择方案
	无法制订谈判协议的最佳替代方案或对其作出轻率估计	可以制订己方的谈判协议的最佳替代方案，也可以估计对方的谈判协议的最佳替代方案
	缺乏内部共识	可以开展内部交叉咨询以达成共识
	没有正式的批准程序	高层管理人员参与整个过程

续表

谈判过程	临时方法	制度化方法
互动	通常依赖于竞争策略	采取问题解决策略
	基本是被动的	强调主动行为
	以短浅的眼光寻求快速的结果	同时考虑短期与长期结果
	轻易作出过多让步，以迅速达成交易	仅在必要时作出让步，并索要回报
	定价主导谈判	就非价格交易条件以及无形利益进行谈判，以扩展可达成协议空间
	无法咨询他人	可以咨询所有的利益相关者
谈判后/履行阶段	不定期反馈	可以进行系统汇报
	培训是一次性的	根据需求和当务之急进行培训
	不关心协议的履行情况，除非出现问题	谈判各方都关心协议的履行情况
	没有时间审查，必须继续处理其他当务之急	作为履行过程的一部分，已分配了审查时间，并采用了监测系统
	偶尔进行评估	定期进行评估
	经验教训得不到记录	可以将经验教训存储在数据库中

资料来源：Adapted from D. Ertel (1999)，"Turning Negotiation into a Corporate Capability," *Harvard Business Review*，May/June，p. 68.

　　由于任何谈判的成功都取决于其准备工作的质量，因此对组织来说，尤其是那些展开全球竞争的组织，开发内部谈判文化与能力变得至关重要。为此，管理层需要建立一种组织结构，将谈判视为一种战略核心能力，同时开发一种问题解决型和关系建立型的谈判文化。[3]此外，对谈判人员来说，准备应急计划（制订一份强有力的备用计划）将会很有帮助，以防原计划无法满足双方的利益。为成功的谈判做准备可能占整个谈判（不包括谈判后阶段）所需时间的 80%，因此谈判人员应将全部精力投入该任务，并努力获得高级管理层的充分支持。谈判的准备工作包括多项任务，如制定谈判策略，制订选择方案和替代方案，制定谈判议程，确定需要作出的让步，弄清楚对方的利益、当务之急以及谈判协议的最佳替代方案，估计己方的谈判协议的最佳替代方案，分析竞争状况并考虑竞争压力，以及如何执行协议等。通过建立核心谈判能力，组织可以为其谈判人员提供最新的市场信息、过去谈判的参考资料、公司相对于竞争对手的地位、技术专业知识，以及制定适当战略战术所需的时间。为此，组织必须创建并维护一个实时更新的集中式数据库。虽然能够访问数据库对组织来说是一种重要优势，但大多数谈判人员都没有充分利用它。[4]

制度化/整合性的谈判方法不同于传统的临时谈判方法，因为后者是以竞争策略和短期利益为主导的。谈判人员可以采用百余种不同的竞争策略，但合作策略只有二十几种，这一事实最能说明这一点。在关系导向型文化中，除非已经建立了关系，否则无法开诚布公地进行商业交易谈判，因此谈判人员必须花费大量时间来建立相互信任的关系。对于那些在巴西、俄罗斯、印度以及其他以关系为重的新兴市场寻求商机的公司来说，这一点尤为重要。经验表明，当谈判人员关注关系的维护时，他们往往会在谈判中舍弃一部分经济利益。然而，从长远来看，鉴于重复订单、商机扩大或客户推荐，这些次优协议可能会成为额外的利益来源，从而进一步积累他们的关系资本。

准备工作不足以及缺乏组织谈判能力会导致谈判结果不佳。例如，在国际商务中，由于意料之外的问题或无法预见的市场状况，多达 70%～80% 的长期协议需要进行重新谈判。在并购谈判方面，超过一半的协议不到三年就破裂了。导致这些失败的原因有很多，包括过分强调经济回报、低估过度负债的危险、忽视协同作用，以及缺乏文化敏感性等。克莱斯勒（Chrysler）与戴姆勒（Daimler）之间的谈判就是一个并购失败的例子，克莱斯勒讨论的是合并，而戴姆勒寻求的是收购。[5]

13.2 构建内部谈判能力

通过建立内部谈判能力并促进最佳实践，组织可以大大提高实现互惠互利谈判结果的机会，这样的谈判结果不仅是有利可图的，而且是可持续的。进行全球交易谈判需要双方都致力于发展合作关系，并提高它们作为世界级组织的声誉。图表 13-3 显示了组织内部谈判文化与能力的要素。

图表 13-3　组织内部谈判能力的主要职责

将谈判能力视为组织核心价值观的战略组成部分
针对过去谈判、竞争状况以及商业环境建立一个集中式数据库

续表

将谈判目标与公司目标联系起来
同时考虑短期与长期结果
同时识别有形与无形议题/利益
专注于问题解决型策略、技巧以及解决方案
根据公司/个人需求制订专门的培训计划
向谈判人员推行一种执行型思维模式
审查薪酬政策，以根据绩效指标对长期业绩给予奖励
建立现行协议的监测系统
在整个谈判过程中强调内部咨询
在谈判前、谈判期间以及谈判后/履行阶段，都要获得所有利益相关者的充分支持
在任命首席谈判人员及团队成员时要制定严格的选拔程序
制订一份强有力的备用计划，以防原计划无法满足对方的利益
在谈判破裂或陷入僵局的情况下，尽可能创造继续谈判的机会
吸取经验教训，并确定在未来交易中遇到类似情况时的处理方法
创建包括最佳实践的内部谈判文化

13.3　设计评估系统和内部数据库

在组织谈判文化中，每一次成功或失败的谈判都是系统反馈的对象，以记录经验教训。在汇报过程中，首席谈判人员及其团队成员会与管理层以及协议执行者分享他们的经验，无论他们的经验是积极的还是消极的，因为有时从过去的错误中吸取的教训比从成功的谈判中学到的经验更多。这些汇报必须在谈判结束后尽快进行，并在重要信息被遗忘之前记录下来。进行这些汇报还有一个好处是，管理层和协议执行者可以了解谈判是如何进行的（这是造成困难的关键问题），以及对方提出的主要异议是如何解决的。基于这些讨论，谈判人员可以制作谈判摘要，将其分发给各相关方，并存入集中式数据库。仔细做记录至关重要，特别是需要重新谈判或在协议的履行阶段必须对各种条款作出解释时。[6]为了充分发挥作用，评估必须详细具体且实事求是，并就如何避免未来隐患提供建议。这类信息对谈判新手最有价值，对试图进入竞争激烈的市场、员工流动率高以及就复杂交易进行谈判的组织也很有用。制定评估程序不仅是为了提高组织的谈判能力，也是为了推广最佳实践并增强组织的制度记忆。图表 13-4 列出了需要在谈判后尽快回答的一些典型问题。

图表 13 - 4　典型的评估问题

准备工作是否足够充分以成功地进行谈判？如果不是，还应该做些什么？
团队负责人是否控制了谈判议程和谈判进程？
团队能否创造更多价值？
哪一方取得了更好的结果？为什么？
哪一方作出了更多让步？
团队是如何处理威胁的（如果有）？
团队是否掌握了足够的背景资料以说服对方？
团队是否详细讨论了各方将如何履行协议？
数据库是否有帮助？如何改进它？
从这次谈判中吸取了哪些经验教训（如果有）？
组织应该做些什么以提高其谈判能力？
下一次组织应该采取什么不同的做法？

　　根据公司的结构和承诺，通过从过去的谈判中获取更多详细信息，该问题清单可以进一步细化。对组织来说，重要的是认识到建立一个有效反馈系统的重要性，因为它有助于定期的制度记忆。

　　评估工作可由负责评估的内部部门、特别工作组或独立评估人员进行。通常，评估工作是保密的、不公开的。但是，也有例外，比如在分析跨国公司之间的谈判以促进案例研究时。1998 年至 1999 年雷诺（Renault）与日产（Nissan）之间的谈判就是一个案例研究的例子。经过 15 年的合作运营，该协议对双方来说都是成功的，这主要是因为雷诺管理层特别关注日产对协议达成后如何保持自身身份的顾虑。对雷诺-日产谈判的分析得出了图表 13 - 5中列出的一些建议。[7]

图表 13 - 5　雷诺-日产谈判亮点

关注共同的长期目标、互补利益以及各自的能力
不仅进行内部准备工作，也开展广泛、持续、合作的准备工作
考虑新的关系形式
不仅表现得像个谈判人员，还表现得像个潜在的合作伙伴
应对对方拒绝交易替代方案的影响
根据谈判结果的影响及其内容来评估其质量

　　资料来源：Stephen E. Weiss. Negotiating the Renault-Nissan Alliance；Insights from Renault's Experience in *Negotiation Excellence*：*Successful Deal Making*，Benoliel，2011.

13.4　履行阶段

对于世界级的谈判人员来说，达成协议不是谈判的结束，而是合作关系的开始。如果不能成功地履行协议，那么通过谈判达成协议就毫无意义。为了降低协议履行过程中的违约风险，经验丰富的谈判人员在整个谈判过程中会考虑以下关键问题：

- 激励各方履行其义务。
- 与对方讨论如何克服潜在问题。
- 确定并简要介绍负责履行协议的人员。
- 制定冲突处理程序。
- 计划一个过渡期，让双方学习如何合作。
- 定期召开会议，评估协议的履行情况。
- 建立早期预警系统以发现问题。
- 如有必要，考虑对违规行为的制裁。
- 在协议期限内为数据库贡献资料。
- 让所有的利益相关者随时了解协议的履行进度。

一般来说，做好准备工作，掌握谈判技巧，改善沟通技能，从过去的错误中吸取教训，都可以提高谈判能力。然而，高效的谈判人员永远不会停止以往鉴来。

13.5　小　结

通过谈判达成的协议不会在履行过程中造成困难，这是例外，而不是常规，特别是在为期多年且复杂的全球交易中，因为这些协议需要更加关注细节以及持续监控。通常，长期协议会遇到许多问题，当双方出于共同利益和现有关系将解决问题视为一项合作任务时，这些问题可以在避免冲突的情况下得到解决。这就需要谈判策略的转变（从临时方法转变为制度性方法），以及视角的转变（从短期视角转变为长期视角）。这也需要采取一种全局执行型思维模式。使双方都满意的协议不仅是应对竞争威胁的最佳保证，而且可以在长期内创造更大的利益，并加强商务合作关系。此外，经验丰富的谈判人员知道，协议履行者想要的是可行的协议，而不是各种问题。致力于建立内部谈判能力并应用最佳实践的世界级谈判人员，可能会在提高底线的同时，通过谈判实现互惠互利的、可持续的结果。最后，采取执行型思维模式、具备组织谈判能力以及尊重多元文化价值观的谈判人员几乎可以决定谈判的成败。换句话说，成功的谈判人员都具备以下技能：

- 沟通技能。
- 人际交往技能。
- 决策技能。

有效地结合这三种技能最有可能带来卓越的谈判结果。因此，谈判更多地被认为是一门艺术，而不是一门科学。

注释 /////////////////////

[1] Ertel (1999); Ertel and Gordon (2007); Movius and Susskind (2009).
[2] Movius (2007).
[3] Movius and Susskind (2009).
[4] Ertel and Gordon (2007).
[5] Benoliel (2011).
[6] Kramer (2001).
[7] Weiss (2011).

第 **5** 篇

其他谈判主题

第**14**章

涉及无形资产的谈判

无形资产的价值是购买者愿意支付的价格，它甚至可以是无价的。

——佚名

在当今竞争激烈的全球化经济中，无形资产正成为一种重要的比较优势。事实上，在大多数企业中，无形资产发挥着越来越大的作用，并且在不久的将来可能会持续增长。谈判人员往往专注于有形资产的交易，因为有形资产很容易衡量，却忽视了无形资产。有形资产是指财产、设备、存款、应收账款、现金、预付费用、版权、专利等。无形资产没有实物形态，难以量化。[1]无形资产包括品牌、商业模式、顾客忠诚度、设计、员工动机和维系率、商誉、研发、软件、商标、商业秘密和信任等（见图表 14 - 1）。

图表 14 - 1　无形资产的简要清单

有关公司的无形资产	有关谈判人员的无形资产
品牌/形象	专心的倾听者
商业模式/流程	声誉
认证/证书	身份地位
版权/专利	职位

续表

有关公司的无形资产	有关谈判人员的无形资产
顾客清单、顾客满意度 顾客忠诚度以及高维系率 员工士气/动机 商誉	他人推荐 可信 广结人脉 可靠
知识产权 信息（专有） 市场份额/地位/营销权 管理层的承诺	人际关系导向型 知识渊博 虚怀若谷 经验丰富
知名度 研发 声誉 软件	关注他人 有说服力 准备充分 设身处地
商标/标识/标签 商业秘密 非专利技术	创造性思维 富有耐心 沟通清晰

说明：以上这些无形资产都可能对谈判产生积极或消极的影响。

当谈判人员的潜在心理动机会直接或间接影响谈判时，其行为也可视为无形资产。[2] 无形资产在任何谈判中都非常重要，特别是对于复杂的长期商业交易、知识密集型产业、服务业、初创企业或跨文化环境来说。多年来，与有形资产相比，无形资产的重要性日益提高。如图表 14 - 2 所示，从 1978 年到 2015 年，无形资产占标准普尔 500 市值的比例从 5％上升到 85％。由于互联网革命和全球化，无形资产的增长速度可能会比有形资产更快。

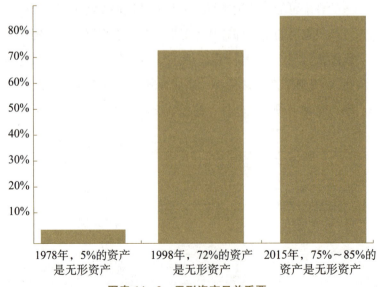

图表 14 - 2　无形资产日益重要

制订未来谈判计划的谈判人员需要探究可能影响其决策的无形资产的类型。无形资产的重要性因公司而异，也因谈判人员而异，因此谈判的准备阶段需要耗费更多时间。

14.1　无形资产的性质

无形资产分为两类：软无形资产与硬无形资产（见图表 14 - 3）。

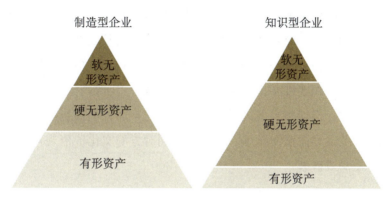

图表 14 - 3　不同企业的软硬无形资产

有形资产与无形资产之间的分配组合取决于企业类型、谈判议题以及谈判环境。就制造型企业而言，其主要由厂房和设备构成的有形资产很可能大于其无形资产。对于一家其价值主要由无形资产构成的互联网初创企业来说，情况则恰恰相反。

硬无形资产包括那些具有潜在经济价值的资产，如市场独占性、待开发的专利、知识产权、品牌知名度等。软无形资产是指企业的声誉、管理层的承诺、顾客的邮寄名单、遵守企业社会责任原则、推荐、信任等。无形资产也来源于谈判人员的个人特质、行为和经验。

在所有的无形资产中，各方之间的信任对于更大程度地共享信息和降低交易成本至关重要。如果双方旨在创造价值，那么信任在任何谈判中都至关重要。事实上，信任是成功达成协议的基础，尤其是在关系导向型文化中。在这些文化中，买方更喜欢与他们信任的人交易。此外，与谈判人员行为相关的无形因素，如能够控制谈判、害怕失败、需要看起来有能力、被视为赢家等，都会影响谈判的结果。来自中小型企业的谈判人员可以强调一些无形因素，如他们的快速决策能力、迅速调整生产计划的灵活性，以及缩短生产周期的能力等。此外，他们还可以强调对当地市场的了解、与客户的密切关系、精简的组织结构，以及较低的运营成本等。

14.2　无形资产的影响

无形资产可以对谈判产生积极或消极的影响。例如，如果企业在市场中的形象不佳，曾因质量问题被迫召回产品，财务状况不稳定，管理层流动率高，或者经常发生劳资冲突，那么其谈判人员在与对方的谈判中就会处于弱势地位。类似地，如果企业因竞争加剧而失去市场份额，技术过时，顾客维系率低，或者利润下降，其谈判人员也会处于相对弱势的地位。当谈判人员进行跨文化交易时，这种消极影响因素会更多，特别是在关系导向型文化中，因为不认同对方的文化价值观可能会导致谈判陷入僵局或破裂。

14.3　无形资产与谈判人员的背景

虽然所有的谈判人员都关注有形资产，在一定程度上也会考虑无形资产，但经验丰富的谈判人员对二者同样重视，以实现互惠互利的结果。在谈判涉及无形资产的情况下，谈判人员可以分为以下四类：

- 缺乏经验的谈判人员。
- 任务导向型谈判人员。
- 关系导向型谈判人员。
- 有全局意识的谈判人员。

这四类谈判人员之间的关系如图表 14-4 所示。

缺乏经验的谈判人员通常会根据自身利益主要考虑有形议题。这种方法经常用于低价值的短期交易，因为谈判人员寻求的是快速的结果，即使该结果无法使价值最大化，或者会导致谈判破裂。在这种情况下，准备工作不充分，交换的信息很少，谈判结果很可能不是最理想的。

任务导向型谈判人员强调价值主张（实体议题），以牺牲价值创造以及

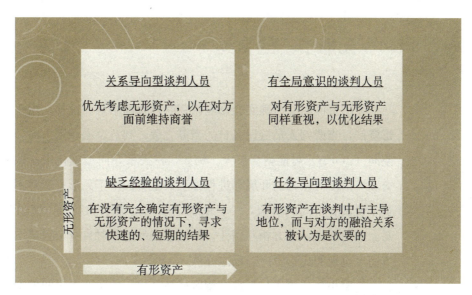

图表 14-4 谈判人员的类型：有形资产与无形资产矩阵

与对方建立融洽关系为代价。在这类谈判中，各方之间的信任对达成协议不那么重要，让步往往是有形的。在某些文化环境中，当市场竞争激烈，有时由大公司主导时，任务导向型谈判人员会更有效。

关系导向型谈判人员在与对方交易时强调的是融洽关系和信任。对他们来说，信任是取得成功的关键。在大多数文化中，如果不仅要进行谈判而且要达成交易，那么良好的关系是必不可少的。让步涉及有形利益，也涉及大量的无形利益。在涉及服务的谈判中，在与中小企业所有者进行谈判时，以及在人际关系因素起关键作用的多元文化环境中进行谈判时，这类谈判人员最为有效。在与任务导向型谈判人员打交道时，关系导向型谈判人员必须小心，不要为了维持与对方的和谐关系而作出太多让步（尤其是有形的让步）。

有全局意识的谈判人员会花费大量时间做准备工作并与对方互动。由于具有全局意识，谈判人员对所有议题都持有一种"大局观"，从而能够根据对方的利益及当务之急创造并主张价值。有形资产以及软硬无形资产都受到高度重视。在整个谈判过程中，双方共享信息，鼓励创新，促进融洽关系。这类谈判人员更适合于高价值交易和长期合同的谈判。通过对谈判采取全局观，有全局意识的谈判人员更有可能达成互惠互利、在履行阶段不会遇到重大困难的协议。

14.4 无形资产的交易

无形资产的交易确实会影响谈判的过程和结果。此外，由于谈判涉及无形资产，当谈判人员探讨各自的当务之急、利益及潜在需求时，可达成协议空间（ZOPA）可能就会扩大。例如，在关系导向型文化中，谈判人员的声誉和可信度对谈判的开展和进程都至关重要。由于无形资产对不同的谈判人员来说具有不同的价值，一旦明确了双方的需求和利益，交易就变得更容易。其前提是，双方相互信任，并愿意交易这些对自身来说成本不高但被对方高度重视的无形资产，反之亦然。

一家小型零售店与一家大型区域性零售店的所有者之间的交易例子可以用来说明无形资产的交易。由于临近退休年龄、利润下降以及竞争加剧，这家小型零售店的店主决定出售他的企业。买方作出了一个看似合理的报价。但是，该店主没有给出任何理由就拒绝了。尽管收到了更高的报价（最后一个报价高于该零售店的经济价值），但该店主仍然对是否接受该报价犹豫不决。至此，买方认为该店主对这笔交易不感兴趣。买方没有继续报价或退出谈判，而是改变了策略，将注意力转向了该店主的背景、他的爱好、如果卖掉企业他会怎么打发时间，以及其他私人问题，直到他清楚地了解卖方的潜在利益。从谈判中可以清楚地看出，该零售店对其店主来说不仅仅是一家企业，而是一生的成就。此外，他不希望切断与长期顾客和忠诚员工的关系，因为有些人已经与公司合作了几十年。最终，买方从任务导向型策略转向了全局意识型策略，重新提出一系列交易条件，其中不仅包含收购该企业的公平价格，还包含一个条款，承诺新店主将会雇用这家小型零售店的老员工。此外，在新组织成立后的最初三年，原店主还获得了一个咨询职位，并有可能延期。

如上例所示，无形资产对中小企业所有者具有更大的价值，因为他们对企业的感情更深厚。通常，中小企业的所有者可能会将全部注意力集中在有形议题上，却没有客观看待或意识不到企业的无形资产。当买方与中小企业谈判时，他们会同时考虑经济利益与非经济利益。例如，出售其企业的所有者可能会获得一些无形资产，如咨询工作、顾问职位、荣誉头衔、与长期忠诚顾客保持联系的机会、保留企业名称、将企业设施放置在原地，以及维护员工权益等。这类以及许多其他无形资产使谈判人员能够讨论经济价值之外的多种选择方案，从而使他们更容易达成协议。

14.5　无形资产与未来展望

　　谈判不仅仅是为了达成协议。它也是双方为了实现共同目标而开展合作的机会。通常，导致冲突的原因是双方之间缺乏信任、缺乏合作关系以及沟通不畅等。例如，如果汽车制造商优先考虑经济因素，而以牺牲无形资产为代价，那么其决策就会对其利润产生负面影响。如果在谈判中同时考虑了无形资产与有形资产，就可以避免更换有缺陷的零部件、支付罚款和诉讼费、名誉损失等。如果将供应商视为合作伙伴，并在信任和共同利益的基础上建立长期合作关系，由零部件缺陷导致的问题就不会达到如此严重的程度。通过鼓励创新和持续的质量改进流程，与供应商密切合作的公司在协议有效期内面临的问题会更少。

　　安飞士汽车租赁公司（Avis）与热布卡汽车共享公司（Zipcar）之间的交易例子可以用来说明无形资产谈判的作用。[3] 安飞士同意以每股 12.95 美元的价格以现金形式收购热布卡，该价格比其 2012 年 12 月 31 日的收盘价高出 49%。对这两家公司来说，通过谈判达成协议后，他们都能够受益于彼此的无形资产。通过收购热布卡，安飞士立即进入了不断增长的共享汽车市场，并获得了一份 76 万名顾客的名单，一个品牌标识，一种经过验证的商业模式，一套现代预订系统，以及在特定地点的停车权利。就热布卡而言，它获得了安飞士众多不同品牌的车队，提高了其汽车的利用率，获得了机场停车位的使用权限，以及一个国际顾客网络。[4] 由于汽车租赁与汽车共享在一定程度上是互补的而不是竞争的，如果安飞士能够保持热布卡的企业文化和商业模式，这次交易将会是一个明智的战略决策。最近的一些并购案例表明，对谈判人员来说，现实与期望之间存在差异，他们的决策不仅仅要基于事实，还要基于潜在的无形利益。

14.6　小　结

　　众所周知，要想通过谈判达成有利可图的、可持续的商业交易，需要全面了解各方的需求，并准确了解谈判的背景。为此，谈判人员既要探讨有形资产，也要探讨无形资产。在全球化经济中，电子商务正在彻底改变商业实践，无形资产正成为企业保持竞争力的关键。通过将有形资产与无形资产进行适当的组合，具有全局意识的谈判人员能够通过创造性的解决方案扩大可达成协议空间，从而优化谈判结果。

注释 ///////////////////////

[1] Nurn and Tan (2010), pp.360–371.
[2] Lewicki, Barry and Saunders (2010).
[3] Dyer and Chu (2003).
[4] Ro (2013).

第15章

网上谈判

电子商务活动往往是按照一种看似完全不合逻辑的顺序进行的。

——比尔·盖茨（Bill Gates）

在当今的新经济时代，互联网正在改变商业运作的方式，并迅速成为一个重要的沟通渠道。它为企业尤其是那些寻求新市场的企业，提供了广泛的商机和挑战。由于互联网的沟通成本较低，且可靠性和便利性较高，出口商、进口商、供应商、买方以及代理商越来越多地利用互联网开展商业交易活动。[1] 由于互联网的强大功能，许多国际谈判人员开始通过互联网进行商务谈判。

虽然互联网带来的有利之处很多，但是如果使用不当，代价高昂的错误就不可避免。事实上，大多数通过互联网进行的谈判之所以破裂，是因为缺乏清晰的沟通，从而导致双方之间的误解。由于谈判离不开沟通，因此谈判人员必须花费一定的时间来编写清晰明确的电子信息。通过避免犯一些常见错误，在互联网上开展业务的谈判人员可以大大提高他们的绩效，并优化他们的谈判结果。

➡ 15.1　网上谈判的有利之处

由于网上沟通成本较低、操作简便、信息及时，谈判双方很容易保持联系。互联网还为企业提供了一种在世界各地推广其产品或服务的有效手段。通过精心的网站维护，企业可以在全球范围内获得即时的宣传和关注，从而激发潜在顾客对企业的兴趣。[2] 在互联网上收到询盘后，企业可以与对方进行动态式互动，并快速交换信息。通过网上沟通，谈判双方可以迅速进入最后的缔约阶段。尽管如此，企业需要特别注意的是，必须首先确定买方的需求，这样才能作出具有竞争力的发盘，从而促成与买方之间的富有成效的对话。类似地，买方在考虑作出让步或还盘之前，也需要从卖方那里获得重要信息。互联网不仅是一种不带感情色彩的沟通媒介，还克服了传统沟通方式的诸多障碍，并促进了企业在全球范围内与潜在合作伙伴进行互动。[3]

15.1.1　克服了时区和距离障碍

网上沟通克服了一些文化、组织和性别上的障碍。如果所代表的企业不太知名，谈判人员就很难有机会与对方的核心谈判人员进行面对面的谈判，也很难参与谈判的报价过程。然而，借助互联网，这些谈判人员就可以毫无障碍地与目标商业伙伴进行沟通。

在电子经济时代，谈判人员可以很容易地与任何商业伙伴取得联系，无论其身在何处，是否有空，位于哪个时区，以及职位如何。考虑到当今的谈判人员都很忙碌，上述特点无疑是一个巨大的优势。即使谈判人员无法与对方取得联系，他们的信息也可以得到传递。最终，目标商业伙伴总会看到电脑屏幕上的信息并加以回复。既然能在互联网上与商业伙伴联系，就无须费时费钱地去国外出差了。现在，只要买方和进口商确信可以通过互联网联系到目标企业，他们在寻找供应商时就不太关心对方的具体地理位置。这一选择为那些试图积极参与全球贸易的企业提供了新的商机。更重要的是，它可以展示一种依赖于最新技术的现代组织的形象。

15.1.2 降低了身份地位的作用

在互联网上做生意为初级或低层谈判人员提供了与高级谈判人员互动的机会。在一些具有严格层级制度的国家和商业组织中，高层人员可能不愿意与初级人员谈判。在这种情况下，将会出现不必要的谈判延期、人事变动风险以及沟通中断等问题。但是，网上沟通可以在很大程度上解决这些问题。通常，人们更倾向于通过电子邮件回复询盘，无论对方的年龄或身份地位如何。在商业交易谈判中，如果身份地位、职位及年龄等因素至关重要，互联网则可以被视为一种平衡器。[4]这一点对某些市场来说尤为重要，因为在这些市场上，文化和传统在谈判中起主要作用。如果谈判对方更倾向于关系导向，那么在使用互联网时要有选择性，要更加注意编写明确清晰的信息，对谈判对方的称谓也要恰当。例如，在一些较为传统的文化中，委派一名初级谈判人员去和对方的高级谈判人员磋商合同，将造成不可避免的麻烦。

15.1.3 消除了性别偏见

互联网是一种非常好的媒介，可以用来克服商务谈判中的性别偏见，因为女性谈判人员往往被认为是不会担任关键管理职位的。在全球一些特定地理区域或者在某些组织中，女性决策者往往难以获得与核心谈判人员会面或受邀参与谈判的机会。在互联网上开展业务在很大程度上消除了这种性别偏见，因为女性谈判人员可以在平等的基础上与对方谈判。[5]此外，由于网上谈判不需要出差，女性谈判人员就能够更有效地兼顾家庭义务与职业责任。

15.1.4 提高了个人谈判力

网上谈判还为那些在面对面谈判中难以有效互动的谈判人员提供了新的谈判力来源。它也降低了因谈判人员的个性冲突而导致谈判破裂的风险。通过网上谈判，缺乏自信的谈判人员可以获得更强大的个人谈判力，从而在平等（即使不是更优越）的基础上与对方互动。

网上谈判还有一个好处是双方都具有主场优势。在自己的办公室里进行谈判有很多有利之处。除了可以节省差旅费用、无须倒时差，谈判人员还可以随时找到所需文件、员工，以及为了实现圆满谈判所需的任何专业知识。在互联网上开展业务时，选择谈判地点已不再是一个敏感问题了。

15.1.5　支持同步的多方谈判

网上谈判的一个重要特点是可以同时执行多项任务，包括与其他各方同时进行谈判，以实现结果最大化。例如，谈判人员在发送了一条信息后，不需要无所事事地等待对方答复，而完全可以着手其他更加重要的任务。没有什么能阻止谈判人员不断核查竞争状况，以确定自己的最新发盘是否具有竞争力。为了提高成功率，谈判人员可以同时与其他感兴趣的企业进行谈判。

15.1.6　通过新技术扩大受众群体

随着新技术的引进，通过视频以及交互式语音通信在互联网上进行沟通现在已经很普遍。随着精密的移动电话的广泛应用，数字沟通带来了更多的虚拟商机。谈判人员可以利用聊天室和论坛与一方甚至多方进行谈判。但是，为了确保其使用效率，需要一个版主来管理沟通流。由于技术和实践原因，人们倾向于只依赖文本渠道。如果想要了解顾客对产品或服务的看法，想要交换信息，想要寻找新的供应源，或者想要测试市场，那么论坛是最有用的。

15.2　网上谈判的常见错误

依靠互联网与现有客户保持联系并寻求进入新市场的谈判人员必须意识到，缺乏经验的网上谈判人员往往会犯一些错误。网上谈判的风险更大。虽然互联网可以提供全球范围内的商机，但由于电子商务市场上竞争激烈，它也带来了更大的风险。企业可以利用互联网轻松地进入全球市场并开展业务，这不仅增加了交易机会，也赋予了买方更强大的谈判力。换句话说，买卖双方在通过电子邮件相互沟通时都必须十分谨慎。如果进口商从出口商那里得到了不利或不友好的答复，该进口商就会转向该出口商的竞争对手，以寻求更有利的发盘。

15.2.1　冲突升级

网上谈判的风险之一是谈判双方可能会产生对立情绪，因为当双方无法面对面谈判时，就很难达成一致意见。通常，由于缺乏面对面的沟通，双方在进行网上谈判时可能会作出"接受或拒绝"式发盘，但这种商业战略战术不适用于长期协议的谈判。[6]

15.2.2　更加重视价格

通过网上谈判，谈判人员可以在相关各方毫不知情的情况下进行多方谈判。买方也可以与多个卖方谈判，以实现结果最优化。因此，网上谈判的特征往往是双方缺乏合作，仅围绕着价格这一议题采取更具竞争性的行动。[7]与多方同时进行谈判可能会产生更有利的结果，但大多只能达成一次性交易。多方谈判有时也可用于测试市场，并确定一方的发盘是否在可接受的范围内。一般来说，这些初步接触不可能发展成全面的谈判。

➡ 15.3　网上谈判策略

在自己的办公室里进行谈判并交换信息是一种既轻松又舒适的谈判方式。阅读电脑屏幕上的电子信息并通过电子邮件回复，正在迅速成为企业对消费者、企业对企业交易所广为接受的一种做法。除非谈判人员注意到网上谈判的风险，否则他们容易变得目光短浅或视野狭隘。换句话说，谈判人员参与到了一种人际关系博弈中，通过与一方或多方商业伙伴相互收发信息，力求达成最有利的交易。经过几轮谈判后，谈判人员往往会执着于不惜一切代价赢得谈判，并冒着更大的风险采取更具进攻性的谈判策略。在这种博弈中，谈判人员往往不考虑交易的背景，不征求他人的建议，也不关注自身行为会产生怎样的长期后果或利益。[8]这恰恰是网上谈判失败率高的原因。

15.4 适合网上谈判的情境

网上谈判应限于交换信息、澄清关键议题以及敲定协议中的具体条款。互联网也是一个绝佳媒介，便于谈判人员为即将开展的面对面谈判做好准备工作，如利用互联网预订旅程、确定谈判议程、选择谈判地点，以及商定参与谈判的人数等。此外，当谈判涉及的是重复订单或不需要投入时间、人力和财力的小额交易时，互联网是一种非常方便的谈判媒介。

对商务谈判人员来说，互联网不仅可以提供有关竞争对手情况和买方技术要求的最新信息，还可以提供大量及时的营销情报。公司必须知道自己的竞争对手是谁，还必须了解买方的需求，然后其员工才能对电子邮件询盘作出适当的回复。

由于网上沟通简单快捷，谈判人员往往会立即作出回复，而忽视了花时间做好准备工作。其实，网上谈判与面对面谈判毫无二致，二者都需要精心计划，充分准备，具有耐心，理解对方，了解对方的需求，以及运用说服技巧和解决问题的能力——谈判的 4P，即准备（preparation）、耐心（patience）、说服（persuasion）和解决问题（problem solving）。

由于电子商务企业收到的询盘来自世界各地的商家，因此企业应特别注意当地的商业习惯、相关法律法规以及财务因素。支付条件和安全性都是需要认真评估的敏感问题，尤其是当询盘来自不熟悉的市场或不了解的对方时。

15.5 制订网上谈判计划

在与对方沟通之前，谈判人员应该花时间仔细考虑一下网上谈判的各种影响。一旦信息被发送出去，特别是被接收方打印出来之后，接收方就会将其视为具有法律效力或具有约束力的文件。此外，对方还会仔细研究信息的内容，甚至有可能以后再以此纠缠发出信息的谈判人员，尤其是当该信息含有负面或令人不快的内容时。通常，人们在使用互联网发送信息时，往往不做计划，也不考虑自身行动的长期影响。没有经过充分准备的信息很可能会被对方误解，从而导致无效的沟通。其结果可能是，谈判双方各执己见，不但不去寻求共同利益，相反还会专注于利用这些分歧为自己谋利。

　　通常情况下，谈判人员主要考虑的是尽快回复对方。事实上，许多电子商务手册也都建议谈判人员在 48 小时内作出回复。对于某些商业交易来说，48 小时或许太长，但对于另一些交易来说，48 小时可能还不够用。由于许多谈判人员认为快速决策是卓越管理技能的标志，因此他们倾向于迅速采取行动。迅速行动在互联网上是很容易做到的，因为谈判人员面对的是电脑屏幕而不是谈判对方。对企业的谈判人员来说，重要的是充分考虑所收到和发出的每一条信息，包括评估长期的风险以及这些信息将如何影响己方在竞争对手中的地位。为了避免被收到的大量电子信息弄得手足无措，谈判人员应该仔细筛选所有收到的信息，并按重要性进行排序，这样就可以只回复那些有诚意的询盘。如果谈判人员在回复之前需要更多时间进行考虑，则可以先给对方发送一条过渡性信息。

　　谈判人员必须具备一定的常识和良好的商业习惯，与潜在客户保持顺畅的沟通，同时还要花时间为即将到来的谈判做好充分准备。

15.5.1　将网上谈判与面对面谈判结合起来

　　为了获得电子商务带来的全部有利之处，谈判人员往往期望将线下的面对面谈判与网上沟通结合起来。虽然在互联网上开展商务活动有很多好处，但就商务谈判而言，大多数谈判人员仍然更愿意采用面对面的沟通方式，尤其是当交易的价值较大时。在更重视关系的文化中，网上沟通应仅限于交换信息，主要议题则应在线下面谈。谈判人员需要警惕的一种风险是，网上谈判具有不带感情色彩的性质。当双方仅仅依靠互联网进行谈判时，很难建立并保持自信心以及彼此之间的信任。[9]在谈判一方只对定价感兴趣的情况下尤其如此。由于竞争压力，买卖双方的信息交换仅限于围绕价格这一议题作出发盘和还盘。这种情况往往会出现在很多谈判过程中，无论是面对面谈判还是网上谈判。例如，发送最后通牒（"这是我最终的报价"）或采取其他形式的竞争性行动的一方通常会在网上谈判中占据主导地位。虽然定价在任何商务谈判中都是一个关键议题，但归根结底，影响买方决策的因素还是卖方企业是否具有良好的声誉，是否能够按照买方对产品质量和数量的要求进行生产，以及是否能及时交货。因此，谈判双方都应该花时间详细研究对方的需求，从而提出能够承受竞争压力并有望带来长期重复订单的合理发盘。

15.5.2 网上谈判中的合作与竞争方式

基本上，竞争行为主导了网上谈判过程。鉴于网上谈判不带感情色彩这一事实，网上谈判人员往往不太关注人际关系以及合作策略。在网上谈判中，这种行为的具体表现是：谈判人员经常会使用刺激性语言、负面表达和攻击性语气。此外，由于网上谈判人员观察不到对方的肢体动作，因此大量的通过非语言线索传达的有用信息就会白白丢失。

在网上谈判中，新技术会影响谈判的进行方式，尤其是谈判的速度。因为网上谈判基本上是双方或多方之间的信息交换，直到各方的需求都得到满足，所以收发电子信息就成为沟通的主要方式。但是，发出最后通牒或以牙还牙并不是建立持久商业关系的最佳方式。在所有的面对面谈判中，谈判双方都会将竞争性策略与合作性策略结合起来，并在最后的缔约阶段加强彼此之间的协作。

为了确保谈判成功，网上谈判人员应避免在最初几轮谈判中表现得过于具有进攻性，因为这种做法可能会导致沟通中断。网上谈判人员必须在谈判初期积极地共享信息，这样双方才能通过探讨共同解决方案进入最后的缔约阶段。

15.6 网上谈判的优缺点

实践证明，互联网是企业对企业交易的绝佳媒介。据估计，电子商务中80％的增长来自企业对企业的交易，其中大多来自全球供应链系统。希望从供应链中获益的企业需要与这些跨国公司建立联系，以便在采购时具有竞争力。买方与供应商之间的直接联系可能会导致商业分销渠道的重组，从而降低对中间商的依赖程度。任何能上网的人都可以获知买方的需求，因此供应商之间的竞争可能会加剧，从而导致价格和利润率下降。因此，网上谈判人员需要做好面对竞争的充分准备，还必须强调自身的技术能力、交货能力、企业声誉和长期承诺。虽然网上谈判有很多好处，但谈判人员还是应该经常去各地市场出差，以便与客户保持个人联系，并评估当地的商业环境。

图表 15-1 为那些通过电子邮件进行沟通的谈判人员提供了一些建议。

图表 15-1　为网上谈判人员提供的有用建议

通过电子邮件进行沟通的有利之处

- 可以获得广泛的信息源。
- 在作出回复之前，有更多时间进行考虑和调研。
- 可以克服组织、年龄及性别上的一些沟通障碍。
- 为那些害羞的人以及权力或地位较低的谈判人员赋予了谈判力。
- 为面对面谈判补充了更多信息。
- 克服了地理位置和时区的障碍。
- 信息的存储和获取更加方便。
- 缓解了谈判人员的对立情绪，尤其是对那些无法控制自己情绪的人来说。
- 当谈判双方都不希望其代理商与对方建立关系时，这种沟通方式就很有用。

通过电子邮件进行沟通的弊端

- 谈判更容易陷入僵局。
- 能够传递的人际关系信息有限。
- 容易作出以自我为中心的行为。
- 竞争性策略的使用率较高。
- 很难建立关系。
- 是一种一维的沟通媒介。
- 容易引发安全性和隐私方面的问题。
- 往往不带感情色彩。

在网上沟通时应牢记的要点

- 要预想到你的电子邮件可能会被其他人看到。
- 最好将重要的议题放在邮件的开头部分。
- 在将邮件抄送他人时需要特别注意。
- 在跨文化背景下起草邮件时需要格外用心。
- 确保邮件的内容明确清晰。
- 尽量精简信息。
- 更难识别欺骗性策略。
- 使用 11 或 12 号字体。

应避免的做法

- 在一封邮件中包含过多议题。
- 全部使用大写字母。
- 使用彩色文字，尤其是蓝色，因为它是用来显示链接的。
- 使用表情符号、图标或笑脸符号。
- 使用有双重含义的词语。
- 采用口语体。
- 使用对方可能不理解的缩写。

资料来源：The above tips for e-negotiators are developed from Claude Cellich's book review in the Journal of Euromarketing, Volume 23, Number 3, July-September 2014 for the book E-Negotiations: Networking & Cross-cultural Business Transactions by Harkiolakis, Nicolas with Halkias, Daphene and Abadir, Sam (2012). Gower Publishing, Surrey.

15.7 小 结

在电子商务完全融入全球经济之前，以及在管理层致力于通过调整流程来实现这种新型商务方式之前，谈判人员还是应该继续以电子信息交换为辅助进行面对面沟通。但是，互联网改变了竞争环境。它赋予了买方更强大的谈判力，同时也为供应商、进口商和出口商提供了更多商机，无论他们所处的时区或距离远近如何。因此，网上谈判的竞争更为激烈，更不带感情色彩，对抗性也更强，往往会导致谈判破裂。由于电子商务促进了竞争，从事企业对企业交易的公司就面临更大的价格压力、更高的客户流失率以及难以预测的市场状况。

网上谈判不是企业对企业交易的万能之计，但如果有效地加以利用，它就有助于谈判双方达成更有利的协议。如果使用不当，网上谈判人员就很可能无法达成交易，因为谈判对方只需简单地点击一下鼠标，就可以转向该谈判人员的竞争对手。总的来说，网上谈判最适合洽谈重复性交易，接受和确认订单，发布供求信息，测试市场，澄清具体要点，获取附加信息，提供售后服务，提供有关运输和交货的详细信息，与现有顾客沟通，核查竞争对手的情况，以及为面对面谈判做准备等。要想成功地进行网上谈判，谈判人员必须要精心编写之后再发送电子信息，要考虑谈判的长期影响，在回复之前要咨询他人，在发送信息之前要仔细审阅，要有选择性地进行回复，要避免使用负面或令人不快的表达，要采取更具合作性的策略，不要从谈判一开始就讨论定价问题，也不要表现得目光短浅。

注释 ////////////////

[1] McGrath and Hollingshed (1999).
[2] Sproull and Keisler (1991).
[3] Silkenat, Aresty, and Klosek (2009).
[4] McGrath and Hollingshed (1999).
[5] McGuire, Keisler, and Siegler (2001), pp. 917–930.
[6] Dorlet and Morris (1995).
[7] Kramer (1995), pp. 95–120.
[8] Thompson (1998), pp. 264–265.
[9] Arunchalan and Dilla (2003), pp. 258–290.

第 16 章

克服国际谈判中的性别差异

有发言权的女人才是女强人。

——梅琳达·盖茨（Melinda Gates）

传统上，人们普遍认为，当男性与女性谈判时，男性会取得更有利的结果。这是因为女性更倾向于依靠直觉，更注重人际关系，也更有耐心，而男性则更具进攻性、决断力、支配欲。但是，当你看到当今一些担任要职的高素质女性时，这些刻板印象也许就不对了。虽然她们可能会给人一种善于接受、乐于给予、有同情心的印象，但在进行谈判时，她们会变得强硬且咄咄逼人。这完全取决于一个人是如何提前为谈判做准备的。正如人们所说的，"机会总是偏爱有准备的人"。做好准备的女性在谈判中会比那些没有准备的人更有胜算。

➡ 16.1 性别差异

女性与男性谈判人员的差异主要体现在六个方面：（1）女性愿意去感受和体谅，但男性总是考虑轻重缓急；（2）女性喜欢在解决问题之前谈论一番，而男性则直接去寻找解决方案；（3）女性比男性更容易察觉人际关系的微妙之处；（4）对于一件事，女性会说出自己的感受，然后很快将注意力转移到其他事情上，而男性的情绪持续时间往往更长；（5）女性会在自己不被喜欢时心情不好，而男性会在无法解决问题时心情不好；（6）男性与女性的肢体语言存在差异。[1]

一般来说，女性的谈判风格与男性不同，主要表现为女性更有耐心，倾听更仔细，征求每个人的意见，以及尽力与对方达成共识。在关系导向型文化中进行谈判时，通过对他人表现出兴趣并注重关系，由男性和女性谈判人员组成的团队可能会具有竞争优势。此外，人们发现女性比男性更难接受不道德或欺骗性的策略。[2]

在比较女性与男性谈判人员的不同特征时，人们发现如果不考虑长期利益和持久关系，男性往往会做得更好。[3]竞争策略和对抗策略更适合于一次性交易。对于长期交易和重复交易，合作策略比竞争策略更有效，也更符合女性所偏好的谈判风格。[4]通过使用一种"柔和"的方式，女性谈判人员应该会更成功，因为在她们眼中，谈判不仅是一种商务活动，也是关系起着重要作用的人际交往活动。

换句话说，关键的区别在于女性在谈判中扮演着双重角色，一个与议题相关，另一个与关系相关。由于女性谈判人员心中有两个目标，当谈判的成功在很大程度上取决于如何处理关系时，她们就可以更好地应用合作策略。但其前提是，女性谈判人员知道如何应对操纵策略，愿意在必要时采用对抗策略，在要求对方让步时具有说服力，并且不轻易让步。图表 16 - 1 总结了男性与女性谈判人员之间的一些主要差异。

图表 16 - 1　男性与女性谈判人员的主要差异

女性倾向于	男性倾向于
关系导向型 专注于建立关系 谈论问题	任务导向型 专注于达成协议 以解决问题为首要任务
更多采取合作策略 更轻易地、过快地让步 问的问题较少	更多采取竞争策略 拒绝让步或很勉强地让步 问的问题很多

续表

女性倾向于	男性倾向于
有耐心 善于倾听 使用较多的修辞/修饰语	没有耐心 不善于倾听，经常打断对方 很少使用修辞，更多使用有力且直接的语言
谈论其他议题 善于解读非语言线索 情绪化	一次专注于一个议题 不善于解读肢体语言 克制情绪
依靠直觉 咨询他人/寻求共识 通过交谈建立融洽关系	善于分析，富有理性 快速决策，然后告知他人 通过交谈展示学识/技能
善于理解他人 采取友善的态度 寻求接受	过于以自我为中心，无法完全理解他人 采取必胜的态度 寻求尊重

16.2 文化差异

在男女角色不同且界定明确的文化中进行谈判时，上述观察结果需要稍作修正。霍夫斯泰德确定了所有文化共有的五个维度，但其强度可能存在差异。这五个文化维度是权力距离，个人主义与集体主义，不确定性规避，男性特质与女性特质，以及短期导向与长期导向。[5] 在那些具有男性特质的社会中，男性具有决断力，并期望寻求物质上的成功。在那些具有女性特质的社会中，男性和女性都更谦和，更关注生活质量。例如，男性特质文化重视自信、独立、任务导向和自我成就，女性特质文化则重视合作、扶持、服务他人、人际关系和共识。

具有男性特质文化背景的谈判人员最适合采用竞争策略和对抗策略，这往往会导致一赢一输或双输的谈判结果。相反，女性特质文化重视合作、人际关系、耐心以及对对方利益的关心，因此更多采用双赢型的协作策略。在那些担任高管职位的女性不多的国家，外国女性谈判人员首先会被视为外国人，并且与当地的女性谈判人员相比，受到歧视的可能性更小。在尚未实现性别平等的文化中开展业务时，女性谈判人员应该强调其公司的重要性以及她们在组织中的地位，并表现出自信。此外，私人介绍或来自高级管理层的推荐信可以帮助她们克服男性谈判人员最初的抵制。[6]

霍夫斯泰德基于自己的研究，根据男性特质文化的程度对几十个国家进行了分类。男性特质文化指数最高的国家是日本，接下来是奥地利、委内瑞拉、意大利、瑞士、墨西哥、爱尔兰、牙买加、英国和德国。具有女性特质文化背景的国家包括泰国、葡萄牙、智利、哥斯达黎加、丹麦、荷兰、挪威和瑞典。

也可以根据语言对国家进行分组。例如，德语系国家（奥地利、德国和瑞士）主要属于男性特质文化，而英语系国家（澳大利亚、加拿大、英国、爱尔兰、美国和新西兰）属于适度的男性特质文化。拉丁语系国家（法国、西班牙和一些西班牙语国家）是男性特质与女性特质共存的文化。北欧国家（丹麦、芬兰、挪威和瑞典）以及荷兰主要是女性特质文化。这就解释了为什么北欧国家中担任高管职位的女性要比其他国家多。虽然这份清单并不是详尽无遗，但对于那些准备在这些国家进行谈判的人来说，它仍然是一个宝贵工具。它也是选择团队成员和团队负责人的基本指标。

16.3　企业文化

企业文化在商务谈判中的作用越来越重要。随着时间的推移，大多数公司形成了自己的企业文化，以及相应的价值观、规则和政策。提前了解公司有关招聘和晋升女性担任高管职位的政策，将有助于男性和女性谈判人员确定对方可能采取的行为，并制定适当的战略战术。例如，对方的谈判团队负责人是否将是女性，或者其团队是否将由男性和女性谈判人员共同组成？如果一家公司没有明确的女性员工晋升政策，并且谈判团队全部由男性组成，那么它就是在传递一个表明了它对性别平等的立场的强烈信息。由于每场谈判都是相当独特的，因此选择技巧娴熟、对文化多样性（包括性别差异）比较敏感的团队成员就至关重要。

16.4　应对性别差异

众所周知，为谈判做准备是一项耗时且艰巨的任务，尤其是在进行国际谈判的情况下。成功的跨性别国际谈判是复杂且具有挑战性的，也是越来越常见的。为了克服给人留下的刻板印象，女性谈判人员应该从一开始就设法获得对方的认可，并以清晰、简洁、直接的语言进行发盘，而不要介绍那些可能会使对方感到困惑的、与生意无关的细节[7]。图表 16 - 2 为谈判人员提供了如何应对性别差异的一些建议。

图表 16 - 2　关于跨性别谈判的建议

针对那些与男性谈判人员打交道的女性谈判人员
- 尽早开始讨论商务议题。
- 树立自信的形象。
- 表现出自己对谈判议题非常了解。
- 让对方意识到她们有权达成交易。
- 避免过于情绪化。
- 避免采用那些可能被理解为威胁的竞争策略。

针对那些与女性谈判人员打交道的男性谈判人员
- 提高倾听能力。
- 表现得更有耐心，更有理解力。
- 使用不那么直接、不那么咄咄逼人的语言。
- 在讨论各种议题时表现出更大的灵活性。
- 避免过于依赖对抗策略。
- 表现出专业性以及对对方的尊重。

研究表明，女性会通过谈论家庭或个人问题来表现出对人际关系的重视。[8]这说明女性倾向于采用关系导向型谈判风格。相反，男性往往更喜欢竞争性的谈判风格。通过采用这种谈判风格，他们就可以在谈判时直奔主题。

16.5　为跨性别谈判做好准备

在国际背景下，跨性别谈判所需的准备工作比传统谈判更多。成功的关键是花时间尽可能多地获取对方的信息，并做好相应的准备。此外，谈判人员需要了解对方的国家文化和企业文化，对方公司关于性别平等的政策，对方曾经采用的谈判风格，对方团队的组成结构，以及谈判将在什么样的总体背景下进行。收集到这些信息后，就可以开发谈判战略，制定适当的战术，并根据技术和社交能力（包括性别敏感性）选择团队成员。如果预计对方的团队中有女性谈判人员，那么明智的做法是，在自己的团队中也任命一位女性谈判人员。此外，在跨性别谈判中，应向男性成员简要介绍一下女性谈判人员，如果时间允许，还应在会见对方之前安排模拟谈判。经验丰富的谈判人员认为，没有所谓的国际商务谈判，只有人际商务谈判，在这种谈判中，社交能力和技术能力都是实现最佳结果的必要条件。

16.6 小 结

在国际市场上开展业务的男性谈判人员会越来越多地与女性谈判人员打交道。随着越来越多的女性担任公司中的高级职位，她们也随之肩负着谈判责任，因此克服性别差异对男性和女性都至关重要。以前，大多数关于谈判的文献忽视了女性谈判人员的特点。但是，最近的研究表明，女性谈判人员可以与男性做得一样好，因为她们善于倾听，擅长解读非语言符号，愿意咨询他人，并倾向于采用合作性的行动。由于达成协议最常见的障碍之一是双方之间的误解，女性谈判人员非常适合解决这个问题，因为她们愿意花时间去理解对方，在建立信任和信誉的同时会设法弄清楚对方的潜在利益，也会努力促进和谐的关系。

注释 //////////////

[1] Anderson (1994).

[2] Lewicki and Robinson (2000), pp. 665–692.

[3] Herring (1996).

[4] Lewis (2001).

[5] Hofstede (1991).

[6] Katz (2006).

[7] Adler and Izraeli (1994).

[8] Babcock and Laschever (2003).

第**17**章

小企业与大公司谈判的策略

实力较弱的一方往往比实力较强的一方更有创造力。

——斯图尔特·戴蒙德（Stuart Diamond）

近年来，大公司倾向于兼并、结盟或外包，以保持在全球市场上的竞争力。通过将增值活动外包给小型外部供应商，大公司在大型企业与小型企业之间建立了更多联系。由于大公司拥有规模和资源，它们在与小企业谈判时往往能够达成更有利的协议。然而，经验表明，小企业的谈判人员在进行谈判时，可以通过做好充分的准备工作以及放弃那些可能无利可图的交易来改善谈判结果。小企业的主要弱点之一是，抱着获得大合同的一线希望，它们会让大公司控制谈判过程。

对此心知肚明的大公司让小企业产生了一种幻想，只要在当前交易中迅速作出较大的让步，它们就可以在将来获得利润丰厚的大生意。遗憾的是，这些未来的订单可能不会实现，即使能够实现，对于被说服作出太多让步的小企业来说，很可能也是无利可图的。从长远来看，这些小企业可能会因资不抵债而倒闭。但是，也有例外。例如，一家小企业为了在市场上获得知名度，就会希望与一家世界级的领头羊公司合作。在这种情况下，谈判的目标就是达成交易，从而使一家知名公司成为自己的客户。无论小企业的目标是什么，对它来说重要的是，通过制定适当的策略来克服其相对于大公司的弱势地位。本章探讨小企业可以用来提高其谈判地位的一些策略。

17.1 小企业的成功策略

本节讨论的是帮助小企业在谈判中获得成功的一些策略。

准备工作在任何谈判中都是最重要的一部分。交易越复杂，准备工作就越复杂。[1]这是小企业的谈判人员会遇到困难的一项工作，其主要原因是：他们几乎得不到其他员工的支持，可获得的信息很少，缺乏专业知识，也没有明确的谈判目标。因此，在与大公司进行谈判时，小企业往往会发现自己从一开始就处于弱势地位。由于准备工作不足，小企业缺乏足够有效的理由来支持它们的发盘，因此它们会首先单方面作出让步。做好准备工作意味着知道对方的需求、谈判所涉及的风险、需要作出的让步类型（通过创造价值和索求回报），以及自己相对于竞争对手的地位，并制订替代方案。

准备充分还有一个好处是，当实力更强的对方准备不足时，小企业就可以轻松应对。大公司常常会将最优秀的谈判人员用在复杂的商业交易上，因此在与小企业的谈判中，往往会委派经验不足的初级谈判人员。有时，大公司也会在最后一刻派出没有做好准备工作的高级谈判人员。这反映了大公司的一种态度，它们并没有认真对待与小企业的谈判。

当谈判时间有限时，谈判人员就会失去对谈判过程的控制，进而导致他们无法作出最佳决策。相反，时间充裕的谈判人员只需表现出耐心，就能充分利用自己的时间优势。

专业谈判人员的一条黄金法则是：如果没有时间，就不要进行谈判；否则，你就会面临陷入于己不利的谈判风险。

在任何谈判中，准备好选择方案和替代方案的一方很可能做得更好，而无论其企业规模大小。备好多种方案的谈判人员会在谈判中获得更强大的谈判力。例如，一家拥有多家公司作为潜在客户的小企业，既可以更好地保护自己的底线，也可以避免作出不必要的让步。有时，即使你的选择方案有限，只要对方不清楚你的谈判地位的优劣，你就会发现自己仍可以控制谈判。通常，小企业慑于大公司的实力，无法应对争议性议题，也无法澄清关键要素。这往往是由于小企业缺乏专业技术知识，因而无法掌握谈判的所有要点。在短期内聘用专家是克服这种不足的有效方法。谈判人员的选择方案越多，实现目标和确保利润率的机会就越大。需要避免的一个特别危险是，你的大部分收入来源于一个大客户。除非你的产品、服务或技术是独一无二的，否则这一点会影响你的谈判效果。

17.1.1　弄清楚交易对大公司的重要性：确定你的谈判影响力

在联系大公司之前，小企业必须弄清楚这笔交易对大公司有多重要。交易的重要性将决定小企业需要制定何种战略战术。根据 80/20 原则，大公司商品采购量的 20％约占总预算的 80％。[2] 剩余 80％的商品仅占 20％的支出。因此，小企业必须弄清楚其产品或服务到底是大公司的边缘业务，还是其核心业务的一部分。大多数企业希望达成核心产品或服务的交易，因为这种交易的潜在规模是巨大的。但是，核心产品的条款都很苛刻，竞争也最激烈。因此，小企业必须做好细致的准备工作并采取长期策略，以与对方建立良好的业务关系。即使发盘对对方来说微不足道，对其他各方也没有吸引力，但在竞争不那么激烈的情况下，小企业仍然可以发现新的商机。

17.1.2　与知名组织合作：获得公认

为了提高谈判力，小企业会寻求与那些已经享有国际声誉的知名企业合作。此外，在当今的国际市场上，小企业有必要获得一些知名标准组织的认证。例如，大公司在外包部分业务时，会坚持只与通过 ISO 9000 认证的企业合作。就食品和药品而言，美国食品药品监督管理局（United States Food and Drug Administration，USFDA）的认证就是必不可少的，因为它是国际公认的。类似地，达到欧盟相关标准的企业也可以在任何欧盟成员国开展业务。随着欧盟成员国的扩大，小企业现在可以进入一个比以往任何时候都更大的市场。依靠世界知名的检验机构证明所发货物与形式发票一致，小企业的谈判力会得到增强。

17.1.3　选择处于困境的大公司：踏入门槛

对小企业来说，最有挑战性的谈判可能就是为了从大公司那里获得第一份订单而进行的谈判。一旦开始与大公司做生意，小企业就会在国际市场上更加受重视。虽然大公司的谈判人员会寻求最有利的交易，但当面临困境时，他们也许会在与新供应商的谈判中变得更加灵活和善解人意。例如，当一家公司陷入危机时，现有供应商会对是否继续与其合作感到惶恐不安，这就是新供应商开始与该公司谈判的最佳时机。此外，由于内部分歧阻碍了对日常运营的有效管理，大公司的准备工作可能不够充分。在这种情况下，小企业完全可以通过谈判达成一笔在正常情况下不可能达成的交易。

17.1.4　弄清楚大公司内部的各个部门：建立你的人脉网络

在考虑与大公司合作时，一种明智的做法是弄清楚该公司内部的各个部门。[3]一般来说，大公司可以由多个部门、分支机构或它们拥有控股权的独立公司组成。随着越来越多的组织采用分权管理方式，并赋予其管理人员更大的决策权，小企业必须识别正确的联系人，以便为自己创造更好的机会。这样做的目的就是与大公司中真正负责该产品的人进行谈判。通常，成功的大公司会设立一些小型的、自治的部门和单位，以激发个人能动性、内部企业家精神和冒险精神。[4]此外，确知这些人拥有决策权也是至关重要的。如果大公司的决策需要由委员会或其他高管人员作出，小企业则可以为其委员会成员提供达成交易所需的相关信息，以节省时间。对小企业来说，还有一个关键点是确定对方的决策权有多大。例如，假设一家小企业正在就一笔价值 150 万美元的订单进行谈判，但大公司的谈判人员仅有权力达成金额不超过 100 万美元的交易。因此，任何超过该金额的订单都必须得到高管委员会的批准。如果小企业将订单拆分成几个金额较小的部分，使其落在该谈判人员的权力范围内，则无须等待高管委员会的决策就可以达成交易。例如，小企业可以提出一个价值 30 万美元的试订单，然后再提出两个 60 万美元的订单。这样一来，就可以顺利完成与对方的谈判，而无须再次谈判或推迟谈判。

17.1.5　让真正的用户或决策者参与谈判：成为问题解决者

小企业在与大公司谈判时面临的一种典型情况是，它们必须与采购部门的采购人员进行谈判。专业的采购人员必须寻求与供应商达成最有利的交易条件。这些采购人员不断地与大量感兴趣的企业进行谈判，因此对各家企业所能报出的条件了如指掌。他们还可以通过鼓动供应商相互竞争来获得最有利的交易条件。通常，出价最低且能满足需求条件的企业会获得交易。为了成功地达成交易，你需要说服大公司的用户相信你的卓越技术能力、高质量标准、管理承诺以及其他能说明你的报价优于竞争对手的理由。这样做不仅会为你的企业带来附加值，还有助于你在对方阵营中发展一位盟友。这个人会说服采购人员将这笔交易交给你做，从而为你的发盘提供直接的支持。要记住，你的产品或服务的潜在用户更感兴趣的是发盘的技术层面，而采购人员最关心的是价格。

17.1.6　做好退出谈判的准备：你的终极影响力

一个经常被小企业低估并经常被误解的影响力来源就是放弃没有意义的交易。在任何谈判中，当你发觉一笔交易无利可图时，你就应该认真考虑退出谈判。通常，小企业会面临技术和产能限制问题——它们可能缺乏合格的员工或工厂设施来承接大订单。基于对实际潜在成本的全面计算，小企业就可以确定这类限制。清楚自己的底线并备好替代方案可以更有效地保护你的利益。如果你知道什么时候退出谈判，你就可以更有信心地提出于己有利的发盘，也可以避免作出不必要的让步。[5] 此外，对方很快就会意识到，这次谈判将困难重重。你现在面临着两种不同的情况：一是大公司会认为你是一个值得合作的伙伴；二是它可能会决定终止谈判。如果大公司想要继续谈判，那么你就更有可能实现你的目标；如果谈判提前结束，至少你没有把时间浪费在可能存在风险或低于预期的交易上。

➡ 17.2　为谈判成功做好准备

如前文所述，通过更仔细地制订谈判计划，小企业可以更有效地与大公司进行谈判。凭借精心的计划和充分的准备工作，小企业能够控制谈判过程，推进其目标，保护其利益，并达成互惠互利的协议。

为了确保你在进行下一次谈判时有信心实现自己的目标，填写图表 17-1 以测试你的准备情况。如果你的得分在 30 以上，就说明你已经准备好了。如果得分在 25～29 之间，就说明你还有一些需要克服的弱点。低于 25 分则表明你的策略存在严重缺陷，因此你必须得推迟谈判，直到你提高了自己的谈判地位，或者选择就你的目标而言更合适的公司进行谈判。在图表 17-1 所示的例子中，这家企业的得分为 19 分，说明它还没有准备好进行成功的谈判。

图表 17-1　测试你是否准备好与大公司进行谈判

你的策略	得分*					评价
准备充分	1	2	③	4	5	基本准备就绪
弄清楚交易的重要性	1	②	3	4	5	寻求边缘业务的订单
与知名组织合作	1	2	3	4	⑤	达到国际标准
选择处于困境的大公司	1	2	3	4	⑤	愿意承担风险
弄清楚大公司内部的各个部门	1	②	3	4	5	没有找到正确的人进行谈判
让真正的用户或决策者参与谈判	①	2	3	4	5	成功概率甚微
做好退出谈判的准备	①	2	3	4	5	不能承受失去交易的风险
总得分	19					你还没有做好准备

＊1 是最低分，5 是最高分。

决策准则		
绿灯	得分在 30 以上	继续进行谈判
黄灯闪烁	得分在 25～29 之间	你的准备工作需要改进
红灯闪烁	得分低于 25	你还没有做好准备。在与对方谈判之前，你需要重新考虑你的策略，改进你的准备工作，并制订其他选择方案

➡ 17.3　小　结

许多小企业都从大公司的分包和外包业务中得到了获利的机会。这对参与其中的公司来说都是有利可图的。此外，对那些寻求进一步融入国际贸易的企业来说，与大型供应链系统做生意是一种非常有效的策略。但是对小企业来说，这条路上布满了陷阱，因为它们仍然是商务谈判中的弱势一方。本章提出了一系列策略，可以帮助小企业提高其谈判力并更有效地进行谈判。

注释 //////////////////////

[1]　Cohen (2002).
[2]　Koch (1998).
[3]　Watkins (2002).
[4]　Collins and Porras (1994).
[5]　Dawson (1995).

第 **18** 章

通过口译人员进行谈判

口译既是一门艺术，也是一门科学，对许多人来说更是一种激情。

——佚名

商务谈判人员在与不会说同一种语言的对方进行谈判时，可以依靠口译人员的服务。即使谈判人员对对方的语言有一定的运用知识，但在国际商务谈判中，尤其是在涉及复杂的交易时，最好还是依靠专业的口译人员来克服语言差异。跨文化商务谈判失败的原因往往是双方沟通不畅、相互误解。例如，当丰田汽车销售公司董事长佐藤先生（Mr. Sato）会见通用汽车公司董事长兼首席执行官罗杰·史密斯（Roger Smith）时，用史密斯的话来说，语言障碍使这次会谈变得"令人困惑不解"。[1]

口译人员与笔译人员之间的主要区别是，二者从事的工作分别是口头翻译与书面翻译。此外，笔译人员有更多时间查阅词典和参考资料，如有需要，还可咨询语言专家。[2]因此，笔译人员可以反复修改他们的翻译，直到他们对最终成果感到满意，然后才会将其提交给相关方。口译要比笔译困难得多，因为它充满挑战和压力。由于谈判本身就是一个压力很大的过程，当谈判需要依靠口译时，口译工作的压力会进一步加剧，在高度全球化的竞争环境中谈判时更是如此。

18.1　口译类型

　　谈判人员可以选择同声传译或交替传译。同声传译一般用于外交会晤，联合国及其专门机构的会议，欧盟委员会的会议，以及一些国际和国家会议。同声传译人员必须具备专业的语言知识、高度的专注力以及在整个会议过程中应对持续压力的能力。此外，同声传译还需要配备特殊的物资、精密的音频设备以及技术支持人员，这就需要大量的财务投资，尤其是在需要第二名或第三名口译人员的情况下。交替传译在商务谈判中更为常见。就交替传译而言，谈判人员有两种选择，即短传译与长传译。第一种选择——短传译也称为"联络口译"。交替传译通常是指长传译，需要口译人员做笔记。在实际工作中，交替传译不仅仅意味着提供摘要，口译人员必须完整地再现原文（包括所有细节），除非客户希望其提供摘要。谈判人员从一开始就必须与口译人员一起决定哪种口译类型最合适。由于交替传译会减慢谈判进程，如果双方通过各自的口译人员进行信息交换，情况将更为严重，因此就需要延长谈判的时间。然而，放慢谈判速度可能也是一种优势，因为在口译人员翻译原文时，谈判人员有更多时间考虑如何回复。这种战略优势对双方都有利。

18.2　口译要求

　　为了避免造成误解或错误翻译，谈判人员必须放慢语速，在说完一个短语或一句话后还要停顿，让口译人员翻译他们所说的内容。对口译人员来说，重要的是要特别注意谈判人员的说话方式、声调变化及发音。在许多语言中，口译人员必须依靠几个单词或几个句子来传达谈判人员所要表达的意思。由于英语是一种更直接的语言，尤其是在商务领域，与法语、西班牙语、俄语及许多其他语言相比，在表达相同的信息时，英语至少需要 25%的额外单词，因为英语中没有特定的对应词。

　　在与日本谈判人员谈判时，由于文化因素和语言结构的影响，口译变得更为复杂。例如，在与日本谈判人员沟通时，口译人员必须克服社会文化和语言语法上的差异，当对方保持沉默或没有提出反对意见时，还要知道如何处理，不要简单地将其误认为是同意的表示。此外，日语有多种用于表达尊重和权力距离的语法结构，而英语只有少数几个用于区分地位的词汇。[3]对于汉语来说，相同的英语单词在翻译成汉语时可能会有不同的解释，这使得翻译更加困难。[4]在东亚文化中，语言往往是间接的，信息不仅通过语言来传达，还通过非语言线索和社会背景来传达。在亚洲，沉默被认为是沟通的一部分，经常被使用，人们在交谈时也会出现长时间的停顿。例如，日本人对沉默的容忍度就很高。[5]在这些文化中，沟通倾向于采用礼貌、合作、友善的行为。在盎格鲁-撒克逊文化中，沟通是直接的，谈判人员倾向于采取更具竞争性的行为，也喜欢说服和辩论。由于口译人员可能需要更多的词语和时间来翻译，谈判人员不要不耐烦，也不要认为口译人员偏离了原文。当谈判发生在那些将时间视为不应浪费的宝贵商品的文化中时，这一点尤其重要。

➡ 18.3　口译人员应具备的素质

口译人员不仅要善于倾听，还要善于理解对方所说的内容，并在另一种语言中找到适当的词语进行翻译。通过口译人员进行谈判时，谈判双方应使用简短的句子和平实的语言，并且不要打断他人说话。此外，谈判人员说话的对象应该是谈判对方，而不是口译人员，尤其是在比较传统的文化或关系导向型文化中谈判时，否则就可能被理解为对谈判对方缺乏尊重。最后，谈判人员往往倾向于与坐在桌子对面的、沟通起来没有语言障碍的人交谈，却忽视了对方团队中的其他成员，甚至是团队负责人，这在许多文化中被认为是不尊重对方。[6]

在聘用口译人员时，谈判人员需要从独立可靠的信息来源确定他们的能力和经验。最好是联系大使馆/领事馆，征求它们的建议，因为它们可能会保留一份经认可的口译人员名单。商会、贸易协会或跨国银行也是获得专业口译人员信息的绝佳来源。[7]最理想的情况是，口译人员应该经常前往东道国，以了解当地最新的经济状况、政治变化和社会发展情况。虽然谈判人员可以接触到大量具有语言技能的人，但合格的口译人员却是供不应求的。为了避免发生令人不快的意外，最好不要聘用那些缺乏经验的口译人员，尤其是在谈判涉及复杂或敏感的商业交易时。只要有可能，就应该聘用那些熟悉对方的文化、行业及商务习惯的口译人员，如图表 18－1 所示。

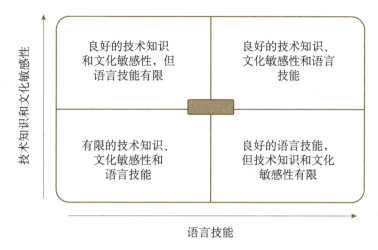

图表 18－1　技术、文化和语言专业知识矩阵

如果你有很多口译人员可以选择，就不要聘用那些声音尖锐、嘶哑、单调或给人压力的人。为了找到有经验的口译人员，谈判人员应该尽早联系他们，以确保他们有时间，不要等到最后一分钟才联系。

18.4　让口译人员参与谈判

在谈判真正开始之前，谈判人员应该向口译人员做一次或几次简要介绍，解释交易的性质，你想采用的口译方式，以及你为什么想这样做。例如，你应该明确你的要求，说清楚你是希望所有内容都被翻译，还是仅仅想要摘要。有时，你的要求取决于谈判的性质：谈判可能主要是技术性的，也没有重大问题，并且双方已基本达成共识；谈判也可能是困难的，双方都需要更多的时间和足够的耐心，并提出有说服力的理由。为了提高口译工作质量，你应尽早向口译人员介绍即将进行的谈判，特别是谈判的关键议题，以便让他们有时间查阅背景资料，并进行研究以熟悉谈判议题以及可能提到的技术术语。对任何商务谈判来说，当谈判双方语言不通时，口译人员的提前准备工作对谈判的成功至关重要。

如果你准备了一份在谈判过程中要念出的书面文本，那么即使是在最后一刻，也要提前提供一份副本给口译人员，让其熟悉一下，他们会因此而不胜感激。在关系导向型文化中，口译人员的工作可能不仅限于翻译，他们还可以传递谈判人员的情绪、动机和语音变化方面的信息。实际上，无论在哪种文化中谈判，专业口译人员都应该考虑到所有这些方面。经验丰富的口译人员不仅可以翻译谈判人员所说的内容，而且能够根据文化背景传递语言和非语言信息。[8]他们的作用是保护自己的团队免受对抗行为的攻击，甚至建议团队如何应对对抗策略。[9]

通过口译人员进行谈判时，无论是采用联络口译（短篇幅）还是交替传译（长篇幅），谈判人员最好说话口齿清晰，并在每句话后停顿一下，给口译人员翻译的时间。谈判人员应该仔细斟酌每句话，使其易于理解，并确保它不包含缩写、俚语、习语、当地表达方式、双重否定以及具有多种含义的单词。正确地念出对方的名字、地点、日期和数字也同样重要。此外，要避免使用谚语、复杂的比喻以及对政治事件的评论，除非你十分确定这些不会使对方感到困惑或冒犯对方。还要特别注意隐喻的使用，因为它们具有文化导向性，很容易导致误解或不当的翻译。当谈判人员或口译人员对复杂或重要句子的含义有疑问时，他们应该要求对方澄清或重复这些句子。由于口译工作要求高、压力大，非常累人，谈判人员应该与口译人员商讨，以确定谈论的节奏并安排休息时间。为了避免口译人员出错，谈判时间不应过长。在大多数国际会议中，惯例做法是同声传译 30分钟后休息 30分钟。在交替传译中，传译时间和休息时间可以有更大的灵活性。例如，在 6小时的传译过程中可以安排多次休息，也可能需要第二位口译人员。

在谈判接近截止期限时，谈判人员往往会提高语速，导致口译人员来不及翻译或者犯下不必要的错误。为了避免这种情况，谈判人员可以要求延长谈判时间。但是，他们需要询问口译人员是否有足够的体力继续谈判。

➡ 18.5 作为协助者/调解者的口译人员

有时口译也许并不是必需的，但谈判一方或双方会出于语言翻译以外的原因坚持使用口译人员，比如在他们预料到谈判中会出现高度情绪化/冲突的情况或有争议/不利的议题时，或者在他们需要更多时间来准备回复时。

在另外一些情况下，口译人员可以起到中间人的作用，也就是扮演协助者/调解者的角色。例如，前一段时间，本书的作者之一被委派陪同一个亚洲精油出口商的贸易代表团前往巴黎会见法国进口商，他的任务是将法语翻译成英语，因为法国买方不愿意用英语谈判。在谈判之初，他顺利地为双方做了翻译，但随着双方都开始指责对方有不公平的商业行为，他发现翻译变得越来越困难。随着谈判变得更具对抗性，他试图用更中立的语气和不易引起冲突的语言来翻译双方所说的话。但是，这种做法并没有起到什么作用，因为法国进口商不等他翻译就开始直接用英语回击这些指责。从那时起，他就从一名口译员变成了观察者，并最终成为调解者。亚洲出口商认为，他们的产品得到的价格过低。对他们来说，低价格意味着低质量的精油。但是，法国买方认为他们支付的价格很高，因为他们需要优质原料来生产香水。其实问题出在代理商身上，他们为了从中获利，一边向进口商承诺提供优质精油，一边以低价采购质量参差不齐的产品，这给高价香水的生产带来了问题。最终，出口商和进口商都意识到了问题的本质，并得出结论，他们最好绕过中间商直接进行交易。

➡ 18.6　将口译人员视为团队成员

为了充分利用口译人员的专业知识，谈判人员需要对口译人员有充分的了解。除了就即将进行的谈判召开简要介绍会，分享共同的兴趣和经验对建立合作关系和相互信任也是非常有帮助的。如果谈判人员有一名或多名专家陪同，口译人员也应与这些成员会面。在谈判过程中，这些团队成员很可能需要表达他们的观点，因此口译人员必须熟悉他们的说话方式、发音以及技术术语。如果想将口译人员融入谈判团队，这些简要介绍会就是必要的。将自己视为团队成员后，口译人员就会提供关于对方以及关于文化背景的额外有用信息。但是，要确保口译人员不会对谈判发表意见并保持中立。

➡ 18.7　有效的口译

在谈判团队中，最好吸纳一名会说对方语言的成员。该成员可以注意到翻译中的偏差，并帮助口译人员解决技术问题。但是，如果该成员在谈判过程中发现了翻译中的错误，他不应该打断口译人员，而应该写一张便条澄清问题并交给口译人员。此外，如果谈判团队前往一个他们的语言不被广泛使用的国家，口译人员可以帮助团队成员解决他们的需求。一般来说，由于口译工作要求很高且非常累人，在官方渠道之外很难找到合适的口译人员。如果能找到口译人员参与谈判，就可以加强团队精神并促进团结。值得注意的是，口译是一项非常艰苦的工作，需要大量的恢复时间。如果口译人员拒绝邀请，不要感到惊讶，除非合同明确规定谈判需要他们在场。无论是接受还是拒绝邀请，口译人员都会非常感激。

➡ 18.8 语言知识

在谈判开始之前，应向对方说明己方的一名谈判人员或团队成员精通对方的语言。如果你不想以正式的方式说明，你可以让那名精通双方语言的团队成员在谈判开始时用东道国语言简单说几句话。向对方隐瞒该信息可能被认为是不道德的，也可能导致对方产生怀疑，失去信任，甚至导致谈判中断。例如，一家北美咨询公司前往中东洽谈一个医院建设项目。其中一名工程师十几岁时曾在该地区生活过，能说一口流利的阿拉伯语。虽然谈判是用英语进行的，但当地谈判人员在私下交谈中使用的是阿拉伯语。这种情况经常发生，因为当谈判人员切换到他们的母语时，他们相互讨论问题就会更容易、更方便。此外，他们可能认为对方不懂他们的语言。在这轮谈判中，由于北美团队中的一名成员精通阿拉伯语，他们收集到了有关该项目弱点的情报。因此，该咨询公司提出了一个修改后的设计方案，其中解释了很多他们反对原方案的理由，从而使谈判得以继续进行。为了避免对方感到丢脸或尴尬，精通双方语言的团队成员没有继续参与谈判，以防对方发现他们的谈话在他们不知情的情况下被听懂了。

如果你打算将谈判录音，你应该尽早向对方提出要求，甚至在谈判之前提出。你还须询问口译人员是否同意录音。你最好能提出有效的理由来支持你的请求。如果该请求遭到拒绝，你最好是放弃，因为它可能会导致对方产生怀疑，也可能会危及谈判。

只要有可能，谈判人员努力掌握一些东道国语言的基本词汇将有助于建立友好的合作关系。即使带有外国口音，能说几句东道国的语言也可以打破谈判僵局。但是，不建议插入第三种语言的词汇，因为这可能会使对方感到困惑不解。让对方知道你在努力学习他们的语言，这不仅是对他们文化的尊重，也是对谈判的承诺。通过学习一门语言，谈判人员不仅可以掌握语言技能，而且同样重要的是，他们可以更好地了解对方的行为和思维过程，因为语言与文化之间有着密切的联系。法国汽车制造商雷诺公司与日本日产汽车公司之间的谈判就是一个很好的例子，可以用来说明语言如何在谈判中发挥重要作用。1999 年年初，在确定能够与对方展开合作之后，雷诺执行副总裁卡洛斯·戈恩（Carlos Ghosn）同 50 名雷诺研究人员开始每天上日语课，以提高他们对日本文化和语言的理解。[10]经过 18 个月的谈判，双方谈判人员一致同意结成一个互惠互利的同盟。

18.9　小　结

　　有效的沟通是所有谈判的核心，尤其是在跨文化谈判中。当双方谈判人员具有不同的文化背景、说不同的语言时，他们之间的沟通就会变得更加复杂。虽然英语已成为商务活动的通用语言，但并不是所有的谈判人员都能熟练使用英语进行谈判。随着全球贸易的迅速发展，商务谈判人员将越来越多地与外国商业伙伴打交道。为了克服语言障碍，谈判人员可以依靠专业的口译人员与外国商业伙伴进行沟通和互动。[11]参考图表 18 - 2 所示的最佳实践，谈判人员就可以充分利用口译人员的专业知识。

图表 18 - 2　依靠口译的谈判人员的最佳实践

应该做
- 聘用你自己的口译人员，而不是依靠对方的口译人员。
- 选择既具有语言技能也具有文化敏感性和商务经验的口译人员。
- 与大使馆/领事馆、商会、贸易协会或当地翻译协会取得联系，以获取经认可的口译人员名单。
- 优先考虑那些曾多次前往东道国的候选口译人员。
- 提前向他们简要介绍你的要求以及所需的口译类型。
- 为口译人员准备一套工作文件，以使他们了解谈判的性质。
- 使用简要介绍会来习惯彼此的语言、语音语调、措辞、口音和说话方式。
- 使用短句，放慢语速，使用清晰的语言，重复/改述要点，并在念出名字时多加注意。

续表

- 使用平实的语言，避免使用俚语、口语、缩写及当地表达方式。
- 等到口译人员将你刚刚说的话翻译完再继续说话。
- 将复杂的议题分解成几个更简单、更小的部分。
- 安排多次短暂的休息时间。
- 直接与对方的首席谈判人员交谈，而不是口译人员。
- 当你的口译人员进行翻译时，观察谈判对方的肢体语言。
- 在简要介绍会上，让口译人员与你的团队成员会面。
- 在进行漫长且复杂的谈判时，再聘用一名口译人员。

不应该做

- 依靠对方的口译人员。
- 让语言能力有限的人参与艰难的谈判。
- 当口译人员正在翻译你说的话时，将其打断。
- 对口译人员作出负面评论，尤其是在谈判对方面前，或者在不必要的时候避开自己的团队成员指摘口译人员。
- 表现出不耐烦，或者使用与所翻译的内容不符的肢体语言。
- 使用具有多种含义或双重否定的词汇，或者使用冗长复杂的句子。
- 在没有提前将副本交给你的团队成员和口译人员的情况下念出文本。

应牢记

- 口译会增加谈判成本。
- 如果谈判双方都需要口译，谈判就需要更多时间。
- 口译被评为世界上压力最大的工作之一。
- 通过口译人员进行谈判会拖延与对方建立合作/个人关系的时间。
- 口译人员可以影响谈判结果，尤其是在关系导向型文化中。
- 笑话无法轻易地跨越国界或文化。
- 调整你的说话方式、用词和声音以免引起误解。

注释 //////////////////////

[1]　Weiss (1987), pp.23–37.

[2]　Ferraro and Briody (2013).

[3]　Rudd and Lawson (2007).

[4]　Fang (1999).

[5]　Yamada (1997).

[6]　Cavusgil, Ghauri and Aklcal (2012).

[7]　Salacuse (1991).

[8]　Ting-Toomey (1999).

[9]　Trompenaars and Hamden-Turner (1999).

[10]　Weiss (2011).

[11]　This chapter contains valuable comments by Yury Obozny and Jenny Sigot Müller.

参考文献

Achebe, C. (1959). *Things fall apart*. New York, NY: Ballantine.

Acuff, F. (1993). *How to negotiate anything with anyone anywhere*. Chicago, IL: AMACOM.

Adler, N. J., Gehrke, T. S., & Graham, J. L. (1987). Business negotiations in Canada, Mexico and the United States. *Journal of Business Research 15* (October), 411–430.

Allas, T., & Georgiades, N. (2001). New tools for negotiators. *The McKinsey Quarterly* (2), 8–97.

Allison, G. (1971). *Essence of decision: Explaining the Cuban missile crisis*. Boston, MA: Little, Brown.

Altany, D. (1998). Wise men from the east bearing fights. *International Management (UK) 37*(5), 67–68.

Arrow, K., Mnookin, R., Ross L., Tversky A., & Wilson, R. (1995). *Barriers to conflict resolution*. New York, NY: Norton.

Auster, E. R., & Sirower, M. (2002). The dynamics of merger and acquisition waves: A three–stage conceptual framework with implications for practice. *Journal of Applied Behavioral Science 38*(2), 216–244.

Avruch, K. (2004). Culture and Negotiation Pedagogy, *Negotiation Journal 16*(4), 339–346.

Axtell, R. (Ed.). (1985). *Do's and taboos around the world* (3rd ed.). New York, NY: John Wiley & Sons.

Axtell, R. (1998). *The do's and taboos of body language around the world*. New York, NY: John Wiley & Sons.

Axtell, R., & Lewis, A. (1997). *Do's and taboos around the world for women in business*. New York, NY: John Wiley & Sons.

Babcock, L., & Laschever, S. (2003). *Women don't ask: Negotiation and the gender divide*. Princeton, NJ: Princeton University Press.

Babcock, L., & Laschever, S. (2008). *Ask for it: How women can use the power of negotiation to get what they really want*. London: Piatkus.

Baker, J. A. (1995). *The politics of diplomacy: Revolution, war and peace: 1989–1992*. New York, NY: G. P. Putnam & Sons.

Banks, J. C. (1987). Negotiating international mining agreements: Win-win versus win-lose bargaining. *Columbia Journal of World Business 22*(4), 67–75.

Banthin, J. (1991). Negotiating with the Japanese. *Mid-Atlantic Journal of Business 27*(April), 79–81.

Barnum, C., & Wolniansky, N. (1989). Why Americans fail at overseas negotiations. *Management Review 78*(10), 55–57.

Bennett, D. C., & Sharpe, K. E. (1979). Agenda setting and bargaining power: The Mexican state versus transnational corporations. *World Politics 32*(1), 57–89.

Benoliel, M. (Ed.). (2011). *Negotiation Excellence: Successful Deal Making.* Singapore: World Scientific Publishing, p. 3.

Berton, P., Kimura, H., & Zartman, I. W. (Eds.). (1999). *International negotiation: Actors, structure, process, values.* New York, NY: Bedford/St. Martin's.

Bilder, R. B. (1981). *Managing the risks of international agreement.* Madison: University of Wisconsin Press.

Billings-Yun, M. (2010). *Beyond deal making.* San Francisco, CA: Jossey-Bass.

Bird, A. (2001). Using video clips in the classroom. *AIB Insights 2*(2), 20–22.

Black, J. S., & Mendenhall, M. (1989). A practical but theory-based framework for selecting cross-cultural training methods. *Human Resource Management 28*(4), 511–539.

Black, J. S., & Mark Mendenhall. (1993). Resolving conflicts with the Japanese: Mission impossible. *Sloan Management Review 34*(3), 49–53.

Boyer, B., & Cremieux, L. (1999). The anatomy of association: NGOs and the evolution of Swiss climate and biodiversities policies. *International Negotiation 4*(2), 255–282.

Boyer, M., Starkey, B., & Wilkenfeid, J. (1999). *Negotiating a complex world.* New York, NY: Rowman and Littlefield.

Breslin, J. W., & Rubin, J. Z. (1991). *Negotiation theory and practice.* Cambridge, MA: Program on Negotiation at Harvard Law School.

Brett, J., Adair, W., Lempereur, A., Okumura, T., Shikhirev, P., Tinsley, C., & Lytle, A. (1998). Culture and joint gains in negotiation. *Negotiation Journal 14*(1), 61–86.

Brett, J. M. (2001). *Negotiating globally.* San Francisco, CA: Jossey-Bass.

Brunner, J. A., & Wang You. (1988). Chinese negotiating and the concept of face. *Journal of International Consumer Marketing 1*(1), 27–43.

Bryan, R. M., & P. C. Buck. (1989). The cultural pitfalls in cross-border negotiations. *Mergers and Acquisition 24*(2), 61–63.

Burt, D. N. (1984). The nuances of negotiating overseas. *Journal of Purchasing and Materials Management 20*(Winter), 2–8.

Burt, D. N. (1989). The nuances of negotiating overseas. *Journal of Purchasing and Materials Management 25*(1), 56–64.

Cai, D. A., & Drake, L. E. (1998). The business of business negotiation: Intercultural perspectives. In M. E. Roloff (Ed.), *Communication yearbook 21* (pp. 153–189). Newbury Park, CA: Sage.

Casse, P. (1991). *Negotiating across cultures*. Washington, DC: United States Institute of Peace Press.

Cavusgil, S., Ghauri, P., & Aklcal, A. (2012). *Doing business in emerging markets,* 2nd ed. Thousand Oaks, CA: Sage Publications.

Cellich, C. (1991). Negotiating strategies: The question of price. *International Trade FORUM* (April–June), p. 12.

Cellich, C. (1997). Closing your business negotiations. *International Trade FORUM 1*, 16.

Cellich, C. (1997). Communication skills for negotiation. *International Trade FORUM 3*, 25.

Cellich, C. (2000). Business negotiations: Making the first offer. *International Trade FORUM 2*, 15.

Cialdini, R. B. (1984). *Influence: The psychology of persuasion*. New York, NY: William Morrow.

Cohen, H. (1980). *You can negotiate anything*. Secaucus, NJ: Lyle Stuart.

Cohen, R. (1993). An advocate's view. In G. O. Faure & J. Z. Rubin (Eds.), *Culture and negotiation* (pp. 30–31). Thousand Oaks, CA: Sage.

Cohen, S. (2002). *Negotiating skills for managers*. New York: McGraw-Hill.

Collins, J., & Porras, J. (1994) *Building to last*. New York: Harper Business Essentials.

Contractor, F. J., & Lorange, P. (1988). *Cooperative strategies in international business*. Lexington, MA: Lexington Books.

Copeland, M. J., & Griggs, L. (1985). *Going international*. New York, NY: Random House.

Covey, S. (1989). *The 7 habits of highly effective people*. New York, NY: Simon & Schuster.

Craver, C. (2002). *The intelligent negotiator*. New York, NY: Prima Venture.

Cutcher-Gershenfeld, J., & Watkins, M. (1997). *Toward a theory of representation in negotiation*. Presented at the Academy of Management, Boston, MA.

Dawson, R. (1995). *Roger Dawson's Secrets of Power*. Franklin Lakes, NJ: Career Press.

De La Torre, J. (1981). Foreign investment and economic development: Conflict and negotiation. *Journal of International Business Studies 12*(2), 9–32.

Dietmeyer, B. (2004). *Strategic negotiation*. Chicago, IL: Dearborn Publishing.

Drake, L. E. (1995). Negotiation styles in intercultural communication. *The International Journal of Conflict Management 6*(1), 72–90.

Druckman, D. (1983). Social psychology and international negotiations: Processes and influences. In R. F. Kidd & M. J. Saks (Eds.), *Advances in applied social psychology* (Vol. 2, pp. 51–81). Mahwah, NJ: Erlbaum.

Dupont, C. (1996). Negotiation as coalition-building. *International Negotiation 1*(1), 47–64.

Dussauge, P., & Garrette, B. (1999). *Cooperative strategy: Competing successfully through strategic alliances.* Chichester: John Wiley & Sons, Chichester.

Dyer, J., & Chu, W. (2011). The determinants of trust in supplier-automaker relations in the US, Japan and Korea: A retrospective. *Journal of International Business Studies 42*, 35–47.

Elashmawi, F. (2001). *Competing globally.* Boston, MA: Butterworth Heinemann.

Elgstrom, O. (1994). National culture and international negotiations. *Cooperation and Conflict 29*(3) 289–301.

Ertel, D. (1999). Turning negotiation into a corporate capability. *Harvard Business Review* (May-June) p. 68.

Ertel, D., & Gordon, M. (2007). *The point of the deal.* Boston, MA: Harvard Business School Press.

Faure, G. O. (2003). *How people negotiate.* Dordrecht, The Netherlands: Kluwer Academic.

Faure, G. O., & Rubin, J. Z. (Eds.). (1993). *Culture and negotiation.* Newbury Park, CA: Sage.

Ferraro, G. & Briody, E. (2013). *The cultural dimension of global business,* (7th ed.). Upper Saddle River, NJ: Pearson.

Fisher, G. (1980). *International negotiations: A cross-cultural perspective.* Chicago, IL: Intercultural Press.

Fisher, R., & Brown, S. (1989). *Getting together: Building relationships as we negotiate.* New York, NY: Penguin Books.

Fisher, R., & Shapiro, D. (2005). *Beyond reason: Using emotions as you negotiate.* New York, NY: Viking.

Fisher, R., Ury, W., & Patton, B. (1991). *Getting to YES: Negotiating agreement without giving in* (2nd ed.). New York, NY: Penguin Books.

Fisher, R., Kopelman, E., & Schneider, A. (1994). *Beyond Machiavelli: Tools for coping with conflict.* Cambridge, MA: Harvard University Press.

Frances, J. N. (1991). When in Rome? The effects of cultural adaptation on intercultural business negotiations. *Journal of International Business Studies 22*(3), 403–428.

Gesteland, R. (2005). *Cross-cultural business behavior.* Copenhagen, Denmark: Copenhagen Business School Press.

Ghauri, P. N. (1986). Guidelines for international business negotiations. *International Marketing Review 3*(3), 72–82.

Ghauri, P. N. (1988). Negotiating with firms in developing countries: Two case studies. *Industrial Marketing Management 17*(1) (February), 49–53.

Ghauri, P. N., & Usunier, J. C. (Eds.). (2003). *International business negotiations*. Amsterdam: Pergamon.

Gosling, L. A. P. (1990). Your face is your fortune: Fortune telling and business in Southeast Asia. *Journal of Southeast Asia Business 6*(4), 41–52.

Graham, J. L. (1985). The influence of culture on the process of business negotiations: An exploratory study. *Journal of International Business Studies 16*(1), 81–96.

Graham, J. L. (1986). Across the negotiating table from the Japanese. *International Marketing Review 3*(3), 58–70.

Graham, J. L. (1993). Business negotiations: Generalizations about Latin America and East Asia are dangerous. UCINSIGHT University of California Irvine GSM (Summer), 6–23.

Graham, J. L., & Herberger, R. A. (1983). Negotiators abroad: Don't shoot from the hip. *Harvard Business Review* (July–August), 160–168.

Graham, J. L., Kim, D., Lin, C. Y., & Robinson, M. (1988). Buyer-seller negotiations around the Pacific Rim: Differences in fundamental exchange processes. *Journal of Consumer Research 15*(1), 48–54.

Graham, J. L., Mintu, A. T., & Rodgers, W. (1994). Explorations of negotiation behaviors in ten foreign cultures using a model developed in the United States. *Management Science 40*(1), 72–95.

Graham, J. L., & Sano, Y. (1990). *Smart bargaining: Doing business with the Japanese* (2nd ed.). Cambridge, MA: Ballinger.

Greenhalgh, L. (2001). *Managing strategic partnerships: The key to business success*. New York, NY: Free Press.

Griffin, T. J., & Daggatt, W. R. (1990). *The global negotiator: Building strong business relationships anywhere in the world*. New York, NY: Harper Business.

Gross, S. H. (1988). International negotiation: A multidisciplinary perspective. *Negotiation Journal 4*(3), 221–232.

Guittard, S. W., & Sano, Y. (1989). *Smart Bargaining: Dealing with the Japanese*. New York, NY: Harper & Row.

Gulbro, R., & Herbig, P. (1996). Negotiating successfully in cross-cultural situations. *Industrial Marketing Management 25*(3), 235–241.

Gunia, Brian, Brett, Jeanne & Nandkeolyar, Amit (2014). Trust me, I'm a negotiator: Diagnosing trust to negotiate effectively, globally. *Organizational Dynamics 4*(1), 27–36.

Habeeb, W. M. (1988). *Power and tactics in international negotiation*. Baltimore, MD: Johns Hopkins University Press.

Hall, E. T. (1959). *The silent language*. Greenwich, CT: Fawcett.

Hall, E. T., & Hall, M. (1987). *Hidden differences: Doing business with the Japanese*. Garden City, NY: Anchor Books/Doubleday.

Hall, E. T., & Hall, M. (1990). *Understanding cultural differences: Germans, French and Americans*. Yarmouth, ME: Intercultural Press.

Hampden-Turner, C., & Trompenaars, F. (2000). *Building cross cultural confidence*. New York, NY: John Wiley & Sons.

Harris, P. R., & Moran, R. T. (1991). *Managing cultural differences*. Houston, TX: Gulf Publishing Company.

Hendon, D. W., Hendon, R. A., & Herbig, P. (1996). *Cross cultural business negotiations*. Westport, CT: Quorum Books.

Herbig, P. A., & Kramer, H. E. (1992a). The dos and don'ts of cross-cultural negotiations. *Industrial Marketing Management 20*(2), 1–12.

Herbig, P. A., & Kramer, H. E. (1992b). The role of cross-cultural negotiations in international marketing. *Marketing Intelligence and Planning 10*(2), 10–13.

Hobson, C. (1999). E-negotiations: Creating a framework for online commercial negotiations. *Negotiation Journal 15*(3), 201–218.

Hofstede, G. (1991). *Cultures and organizations*. London: McGraw-Hill Europe.

Hofstede, G. (1994). *Culture's consequences*. London: Sage.

Hofstede, G., & Usunier, J. C. (1996). Hofstede's dimensions of culture and their influence on international business negotiations. In P. Ghauri & J. C. Usunier (Eds.), *International business negotiations* (pp. 137–153). Oxford: Pergamon.

Ikle, F. C. (1982). *How nations negotiate*. New York, NY: Harper and Row.

Jensen, K., & Unt, I. (2002). *Negotiating partnerships*. New York, NY: Prentice-Hall.

Kale, S. H., & Barnes, J. W. (1992). Understanding the domain of cross-national buyer-seller interactions. *Journal of International Business Studies 23*(1), 101–132.

Kapoor, A. (1975). *Planning for international business negotiations*. Cambridge, MA: Ballinger.

Katz, L. (2006). *Negotiating International Business*. Charleston, SC: Booksurge.

Kemper, R., & Kemper, D. (1999). *Negotiation*. Metuchen, NJ: Literature Scarecrow Press.

Kennedy, G. (1987). *Negotiate anywhere!* London: Arrow Books.

Kennedy, R., & Raiffa, H. (1992). Structuring and analyzing values for multiple-issue negotiations. In P. H. Young (Ed.), *Negotiation analysis* (pp. 131–151). Ann Arbor: University of Michigan Press.

Kersten, G., & Noronha, S. (1999). Negotiation via the World Wide Web: A cross-cultural study of decision making. *Group Decision and Negotiation 8*(3), 251–279.

Klein, G. (1998). *Sources of power: How people make decisions*. Cambridge, MA: MIT Press.

Klotz, J. M. (2000). *Going global: Power tools for international business deals*. Toronto: Global Business Press.

Koch, R. (1998). *The 80/20 Principle: the secret to success by achieving more with less*. New York, NY: Doubleday.

Kremenyuk, V., & Sjostedt, G., (Eds.) (2000). *International economic negotiation: Models versus realities*. Cheltenham, Gloucestershire, UK: Edward Elgar.

Latz, M. (2004). *Gain the edge*. New York, NY: St Martin's Press.

Lax, D., & Sebenius, J. (2006). *3-D negotiation*. Boston, MA: Harvard Business School Press.

Lax, D. A., & Sebenius, J. K. (1986). *The manager as negotiator*. New York, NY: Free Press.

Lewicki, R., & Hiam, L. (2006). *Mastering business negotiations*. San Francisco, CA: Jossey-Bass.

Lewicki, R., Saunders, D., & Minton, J. (1993). *Negotiation* (3rd ed.). Burr Ridge, IL: McGraw-Hill.

Lewis, R. (1996). *When cultures collide*. London: Nicholas Brealy Publishing.

Lewis, R. (2003). *The cultural imperative*. London: Nicholas Brealy Publishing.

Low, P. (2010). *Successfully negotiating in Asia*. New York, NY: Springer.

March, R. M. (1985). No no's in negotiating with the Japanese. *Across the Border* (April), 44–50.

March, R. M. (1991). *The Japanese negotiator*. Tokyo: Kodansha International.

Mautner-Markhof, F. (Ed.). (1989). *Processes of international negotiations*. Boulder, CO: Westview Press.

McCall, J. B., & Warrington, M. B. (1990). *Marketing by agreement: A cross-cultural approach to business negotiation (2nd ed.)*. New York, NY: John Wiley & Sons.

Min, H., & Galle, W. (1993). International negotiation strategies of U.S. purchasing professionals. *Journal of Supply Chain Management 29*(3), 40–50.

Mintzberg, H. (1990). Strategy formation: Schools of thought. In J. Fredrickson (Ed.), *Perspectives on strategic management* (pp. 105–235). New York, NY: Harper Business.

Mnookin, R. (2000). *Beyond winning*. Cambridge, MA: Harvard University Press.

Mnookin, R., & Susskind, L. (Eds.). (1999). *Negotiating on behalf of others*. San Francisco, CA: Sage Publications.

Moran, R. T., & Stripp, W. G. (1991). *Successful international business negotiation*. Houston, TX: Gulf Publishing Company.

Moran, R. T., Harris, P. R., & Moran, S. V. (2007). *Managing cultural differences*. Burlington, MA: Elsevier.

Movius, H., & Susskind, L. (2009). *Build to win: Creating a world-class negotiating organization*. Boston, MA: Harvard Business Press.

Nurn, C. W., & Tan, G. (2010). Obtaining intangible and tangible benefits from corporate social responsibility. *International Review of Business Research Papers 6*(4), 360–371.

Parker, V. (1996). Negotiating licensing agreements. In P. Ghauri & J.-C. Usunier (Eds.), *International business negotiation* (pp. 3–20). New York, NY: Elsevier.

Pearlstein, S. (2013). How Avis will ruin Zipcar. *Washington Post*, January, 2.

Pfeiffer, J. (1988). How not to lose the trade wars by cultural gaffes. *Smithsonian* *18*(10), 145–156.

Quinn, J. (1992). Strategic change: "Logical incrementalism." In H. Mintzberg & J. Quinn (Eds.), *The strategy process: Concepts, contexts and cases* (pp. 96–104). Englewood Cliffs, NJ: Prentice Hall.

Raiffa, H. (1982). *The art and science of negotiation*. Cambridge, MA: Belknap Press of Harvard University Press.

Raiffa, H. (with Richardson, J., & Metcalfe, D.). (2002). *Negotiation analysis: The science and art of collaborative decision-making*. Cambridge, MA: Belknap Press.

Raiffa, H., Richardson, J., & Metcalfe, D. (2002). *Negotiation analysis*. Boston, MA: Harvard University Press.

Ro, S. (2013). Zipcar is Getting Acquired by Avis. *Business Insider*, January, 2

Roemer, C., Garb, P., Neu, J., & Graham, J. L. (1999). A comparison of American and Russian patterns of behavior in buyer-seller negotiations using observational measures. *International Negotiation 4*(1), 37–61.

Rosegrant, S., & Watkins, M. (1996). Sources of power in coalition building. *Negotiation Journal 12*(1) 47–68.

Rubin, J., & Sander, F. (1991). When should we use agents? Direct v. representative negotiation. In J. W. Breslin & J. Rubin (Eds.), *Negotiation theory and practice*. Cambridge, MA: Program on Negotiation Books.

Rubin, J. Z., & Faure, G. O. (1993). *Culture and negotiation*. San Francisco, CA: Sage.

Salacuse, J. W. (1991). *Making global deals: Negotiating in the international marketplace*. Boston, MA: Houghton Mifflin.

Salacuse, J. W. (2005). Negotiating the top ten ways that culture can affect your negotiation. *Ivey Business Journal 69*(4), 1–6.

Salacuse, J. W. (2008). *Seven secrets for negotiating with government*. New York, NY: AMACOM.

Saunders, H. (2007). We need a larger theory of negotiation: The importance of pre-negotiating phases. *Negotiation Journal 1*(3), 249–262.

Schuster, C., & Copeland, M. (2006) *Global business practices: Adapting for success*. Cincinnati, Ohio: South-Western Educational Publishing.

Sebenius, J. (1991). Negotiation analysis. In V. A. Kremenyuk (Ed.), *International negotiation: Analysis, approaches, issues* (pp. 203–215). San Francisco, CA: Jossey-Bass.

Sebenius, J. (1992). Negotiation analysis: A characterization and review. *Management Science 38*(1), 18–38.

Sebenius, J. (1996a). *Introduction to negotiation analysis: Structure, people, and context.* Boston, MA: Harvard Business School Publishing.

Sebenius, J. (1996b). Sequencing to build coalitions: With whom should I talk first? In R. Zekhauser, R. Keeney, & J. Sebenius (Eds.), *Wise choices: Decisions, games, and negotiations.* Boston, MA: Harvard Business School Press.

Sebenius, J. (1998). Negotiating cross-border acquisitions. *Sloan Management Review 39*(2), 27–41.

Shell, G. (1999). *Bargaining for advantage.* New York, NY: Viking.

Silkenat, J., & Aresty, J., (Eds.) (1999). *The ABA guide to international business negotiations.* Chicago, IL: ABA.

Stein, J. G. (Ed.). (1989). *Getting to the table: The process of international pre-negotiation.* Baltimore, MD: John Hopkins University Press.

Stoever, W. A. (1981). *Renegotiations in international business transactions: The process of dispute resolution between multinational investors and host societies.* Lexington, MA: Lexington Books.

Subramanian, G. (2010) *Negotiations.* New York, NY: W. W. Norton & Co.

Taylor, E. B. (1871). *Primitive culture.* London: John Murray.

Thompson, L. (1998) *The mind and heart of the negotiator.* Upper Saddle River, NJ: Prentice Hall.

Thompson, T. (2008). *The truth about negotiations.* Upper Saddle River, NJ: Pearson.

Ting-Toomey, S. (1988). Intercultural conflict styles: A face-negotiation theory. In Y. Kim & W. Gudykunst (Eds.), *Theories in intercultural communication.* Beverly Hills, CA: Sage.

Trompenaars, F., & Hampden-Turner, C. (1998). *Riding the waves of culture* (2nd ed.). London: Nicholas Brealey Publishing.

Tung, R. L. (1984a). *Business negotiations with the Japanese.* Lexington, MA: Lexington Books.

Tung, R. L. (1984b). Handshakes across the sea: Cross-cultural negotiating for business success. *Organizational Dynamics 23*(3), 30–40.

Tung, R. L. (1984c). How to negotiate with the Japanese. *California Management Review 26*(4), 62–77.

Tung, R. L. (1989). A longitudinal study of United States-China business negotiation. *China Economic Review 1*(1), 57–71.

Unt, I. (1999). *Negotiations without a loser.* Copenhagen, Denmark: Copenhagen Business School Press.

Ury, W. (1991). *Getting past no: Negotiating your way from confrontation to cooperation.* New York, NY: Bantam Books.

Usunier, J. C. (1996). Cultural aspects of international business negotiations. In P. Ghauri and J. C. Usunier (Eds.), *International business negotiation* (pp. 93–118). New York, NY: Elsevier.

Watkins, M. (2002). *Breakthrough Business Negotiation*. San Francisco,CA: Jossey-Bass.

Weiss, S.E. (2011). The Renault-Nissan alliance negotiations. In C. Cellich & S.C. Subbash Jain, *Practical solutions to global business negotiations*. New York: Business Expert Press

Weiss, S. E., & Tinsley, C. H. (1999). International business negotiation. *International Negotiation 4*(1), 1–4.

Wolf-Laudon, G. (1989). How to negotiate for joint ventures. In F. Mautner-Markhof (Ed.), *Processes of international negotiations* (pp. 179–190). Boulder, CO: Westview Press.

Yamada, H. (1997). *Different games, different rules: Why Americans and Japanese misunderstand each other*. New York, NY: Oxford University Press.

Zartman, I. W. (1989). Prenegotiation: Phases and functions. In J. Stein (Ed.), *Getting to the table: The processes of international prenegotiation*. Baltimore, MD: John Hopkins University Press.

Zartman, I. W., & Berman, M. (1982). *The practical negotiator*. New Haven, CT: Yale University Press.

Zartman, I. W., & Rubin, J. Z. (2000). *Power and negotiations*. Ann Arbor: University of Michigan Press.

Creative Solutions to Global Business Negotiations, Second Edition

by Claude Cellich and Subhash C. Jain

ISBN 9781631573095

Original edition © 2016 by Business Expert Press, LLC. All rights reserved.

Simplified Chinese edition © 2023 by China Renmin University Press Co. , Ltd.

All Rights Reserved.

图书在版编目（CIP）数据

国际商务谈判/（瑞士）克劳德·塞利奇，（美）苏
比哈什·贾殷著；金钰，武佳琳，王白翎译 . --北京：
中国人民大学出版社，2023.5
　（国际商务经典译丛）
　ISBN 978-7-300-31569-0

　Ⅰ.①国… Ⅱ.①克… ②苏… ③金… ④武… ⑤王
… Ⅲ.①国际商务—商务谈判 Ⅳ.①F740.41

　中国国家版本馆 CIP 数据核字（2023）第 054566 号

国际商务经典译丛
国际商务谈判（第 2 版）

[瑞士] 克劳德·塞利奇 (Claude Cellich)　　　　著
[美] 苏比哈什·贾殷 (Subhash C. Jain)

金　钰　武佳琳　王白翎　译
Guoji Shangwu Tanpan

出版发行	中国人民大学出版社	
社　　址	北京中关村大街 31 号	**邮政编码**　100080
电　　话	010 - 62511242（总编室）	010 - 62511770（质管部）
	010 - 82501766（邮购部）	010 - 62514148（门市部）
	010 - 62515195（发行公司）	010 - 62515275（盗版举报）
网　　址	http://www.crup.com.cn	
经　　销	新华书店	
印　　刷	天津鑫丰华印务有限公司	
规　　格	185 mm×260 mm　16 开本	**版　　次**　2023 年 5 月第 1 版
印　　张	14.5 插页 1	**印　　次**　2023 年 5 月第 1 次印刷
字　　数	238 000	**定　　价**　75.00 元

版权所有　　侵权必究　　印装差错　　负责调换

中国人民大学出版社　管理分社

教师教学服务说明

　　中国人民大学出版社管理分社以出版工商管理和公共管理类精品图书为宗旨。为更好地服务一线教师，我们着力建设了一批数字化、立体化的网络教学资源。教师可以通过以下方式获得免费下载教学资源的权限：

★　在中国人民大学出版社网站 www.crup.com.cn 进行注册，注册后进入"会员中心"，在左侧点击"我的教师认证"，填写相关信息，提交后等待审核。我们将在一个工作日内为您开通相关资源的下载权限。

★　如您急需教学资源或需要其他帮助，请加入教师 QQ 群或在工作时间与我们联络。

中国人民大学出版社　管理分社

📱 **教师 QQ 群：** 648333426(工商管理)　114970332(财会)　648117133(公共管理)
　　教师群仅限教师加入，入群请备注 (学校＋姓名)

☎ **联系电话：** 010-62515735，62515987，62515782，82501048，62514760

✉ **电子邮箱：** glcbfs@crup.com.cn

📍 **通讯地址：** 北京市海淀区中关村大街甲 59 号文化大厦 1501 室（100872）

管理书社

人大社财会

公共管理与政治学悦读坊